Geheimnisvolles Köln

Gerti Keller und Michael Fehrenschild
Mit Fotografien von Eddi Meier

Geheimnisvolles KÖLN

Versteckte Orte und mystische Plätze entdecken

J.P. BACHEM VERLAG

Bibliografische Information der Deutschen Nationalbibliothek
Die Deutsche Nationalbibliothek verzeichnet diese Publikation in der Deutschen Nationalbibliografie; detaillierte bibliografische Daten sind im Internet über http://dnb.d-nb.de abrufbar.

1. Auflage 2015

Umschlaggestaltung: Petra Drumm, Köln
Innenlayout: Heike Unger, Berlin
Lektorat: Kerstin Goldbach, Bergisch Gladbach
Karten: Angelika Solibieda, cartomedia, Karlsruhe
Reproduktionen: Reprowerkstatt Wargalla, Köln
Druck: Grafisches Centrum Cuno, Calbe
Printed in Germany
ISBN 978-3-7616-2889-8 Buchausgabe
ISBN 978-3-7616-2945-1 PDF
ISBN 978-3-7616-2946-8 EPUB

Bildnachweis

Bayer AG, Corporate History & Archives: S. 85 r.
Brück, Giannina: S. 156
Dombauhütte Köln/Foto: Matz und Schenk: S. 159
Fehrenschild, Michael: S. 22, 34, 36 u., 157, 163
Frinke, Michael: S. 83
Jost, Peter: S. 166
Keller, Gerti: S. 90, 94

Alle übrigen Abbildungen: Eddi Meier

Eine Zeit*reise*

Zum Tag*träumen*

In der *Stille*

Einleitung

Köln ist reich an Sehenswürdigkeiten, doch die spannendsten Orte sind auf den ersten Augenschein oft nicht zu erkennen. Dieses Buch verlässt die ausgetretenen Pfade und lenkt den Blick auf Plätze voller Geschichten, an denen man im Alltag meist vorbeiläuft: versteckte, mystische und zauberhafte Orte. Manchmal befinden sie sich abseits der üblichen Touristenrouten, manchmal aber auch genau dort, nur eben verborgen, verschüttet und nicht selten vergessen.

Wer den Spaziergängen durch das „geheimnisvolle Köln" folgt, erlebt Rundgänge der etwas anderen Art: stromert über Friedhöfe, entdeckt wundersame Dinge in altehrwürdigen Kirchen und schaut über Gartenzäune in die Vergangenheit. So eröffnen sich immer wieder neue Mirakel der Stadt, die selbst Ur-Kölner nicht kennen. Denn das 2000 Jahre alte Köln ist eine historische Schatztruhe, die man nur öffnen muss.

Die kleinste Millionenstadt der Republik ist die einzige deutsche Metropole, die im Altertum, im Mittelalter und in der Neuzeit zu den wichtigsten des Landes, ja des ganzen Kontinents gehörte. Sie war Provinzhauptstadt im römischen Imperium, größte deutsche Stadt im Mittelalter und zieht bis heute viele Menschen in ihren Bann. Und diese lange, wechselhafte Geschichte hinterließ unzählige Spuren, die allerdings nicht immer leicht zu entdecken sind. Denn im Lauf der Jahrhunderte hat nicht nur der Zahn der Zeit am Vermächtnis genagt. Insbesondere die Zerstörungen während des Zweiten Weltkriegs und die schnell errichtete Nachkriegsarchitektur sorgten dafür, dass das Stadtbild für immer verändert wurde. Aber direkt unter dem Straßenpflaster, hinter manchen hohen Mauern und sogar über unseren Köpfen ist das „ahle Kölle" immer noch da!

Dieses Buch begibt sich auf seine Spuren. So besuchen wir auf dem alten Friedhof Melaten das Grab eines Zahlenmystikers, der glaubte, die Weltformel gefunden zu haben und entdecken dabei einen Voodoo-Zauber. Darüber hinaus begeben wir uns auf die Suche nach verschwundenen Plätzen, wie der alten Haupthinrichtungsstätte der Stadt, wo die sogenannte Kölner Hexe Katharina Henot ihr Leben aushauchte.

Doch „Geheimnisvolles Köln“ erzählt auch schöne Geschichten und entführt an zauberhafte Orte, wie in den Park eines versunkenen Schlosses. Köln ist voll von besonderen Plätzen. Das wusste auch Heinrich Böll, der große Sohn der Stadt. Dieses Buch führt zu einigen seiner Lieblingsplätzen, wie dem Rosengarten, eine Ruhe-Oase mitten im Großstadttrubel und zur archaischen Erdmutter in St. Maria im Kapitol, Kölns größter romanischer Kirche.

Der Zauber der Sancta Colonia

Überhaupt Köln und seine Kirchen: Die Domstadt wird wegen ihrer zahlreichen Gotteshäuser auch „Rom des Nordens“ genannt. Und die sind wahre Wundertüten, die unzählige Mysterien bergen. Wir stromern auf der Via Sacra und besuchen eine byzantinische Prinzessin, die seit 1000 Jahren im weißen Schneewitttchensarg schläft, lernen ein Apfelwunder kennen und begegnen einem Regenmacher. Darüber hinaus bestaunen wir die Barockkirche St. Gregorius im Elend, wo der Triumph des Todes zu bewundern ist: ein Relief, das selbst dem heutigen Betrachter noch Schauer über den Rücken jagt. Außerdem nehmen wir die Leser mit ins „kölsche Lourdes“ und schauen bei der wundersamen Schwarzen Madonna in ihrem Lichtermeer vorbei.

Und das sind nur einige der Kleinode, die der Leser kennenlernt. Was bedeuten die steinernen Dämonenfratzen in der Altstadt? Warum findet man uralte Walknochen in einer Kirche? Wo lauert ein schwarzer Panther auf Beute und wo wacht ein unheiliger Siegfried? Auf abwechslungsreichen Spaziergängen gibt es Antworten auf alle diese Fragen. Kommen Sie mit und lassen Sie sich von den kleinen und großen Geheimnissen der Sancta Colonia verzaubern …

Damit sich die Spaziergänger auch überall zurechtfinden, sind einzelne Touren mit Karten versehen. Man erfährt außerdem, welche öffentlichen Verkehrsmittel zu den Zielen fahren und – falls möglich – werden Hinweise gegeben, wo man gut parken kann. Als kleines Schmankerl verraten die Autoren ihre persönlichen Einkehrtipps, damit der Spaziergang ein rundum gelungenes Erlebnis wird.

Eine
Zeitreise

Die *Annoköpfe* in der Altstadt

Die toten Augen von Köln

In der Kölner Altstadt sind seit langer Zeit die Dämonen zu Hause: die Grinköpfe, auch Annoköpfe genannt. Einem zartbesaiteten Spaziergänger können die grotesken Fratzengesichter an einem nebligen Tag durchaus einen Schauer über den Rücken jagen – vorausgesetzt man entdeckt sie. Dieser Rundgang besucht die kleinen, versteckten Gesellen.

Die Passanten gehen meist achtlos an ihnen vorüber. Doch wer sich etwas Zeit nimmt und genauer hinschaut, kann sie überall im Martinsviertel aufspüren: furchterregende Gruselfratzen mit wilden Haaren und walrossartigen Hauern, denen meist der Unterkiefer fehlt. Keiner sieht aus wie der andere. In der Regel wohnen sie über den Haustüren. Aber was tun sie da eigentlich? Dazu hat der Kölner, wie eigentlich zu allem, ein paar Geschichten auf Lager, von denen es zwei Grundversionen gibt.

In beiden spielt Erzbischof Anno II. die Hauptrolle, weswegen die Fratzen auch Annoköpfe genannt werden. So soll der einst so mächtige Kölner Kleriker einmal einer armen Witwe aus der Patsche geholfen haben. Sie hatte Ware bei einem Kaufmann bestellt und bereits bezahlt. Besiegelt wurde das Ganze wie damals üblich per Handschlag. Aber der schlitzohrige Händler lieferte einfach nicht. Solchermaßen übers Ohr gehauen, zog sie vor Gericht. Doch der reiche Mann bestach die Schöffen und wurde freigesprochen. Die Frau, die ganz auf sich allein gestellt war, beschwerte sich daraufhin bitterlich beim Erzbischof. Der versprach, dass er ein solch schändliches Verhalten in seinem „Heiligen Köln" nicht dulden werde – und ließ seine Version von christlicher Gerechtigkeit walten. Der Kaufmann und die 13 Schöffen wurden geblendet. Außerdem brachte man an den Häusern ihrer Familien zur Abschreckung diese steinernen Schandmale an, die leere Augen hatten …

Jan-von-Werth-Brunnen am Alter Markt

In den Gassen der Altstadt

Die andere Legende will wissen, dass Anno II. selbst den Startschuss zur Annokopf-Aktion gab – und zwar weil er sich 1074 einen Lapsus geleistet hatte. Damals regierte der machtbewusste Erzbischof mit eiserner Hand. Aber in diesem Jahr ging der Despot den Kölnern zu weit. Damit sein Kollege, der Mainzer Erzbischof Siegfried, nach Hause reisen konnte, beschlagnahmte er einfach das Handelsschiff eines Kaufmanns. Da kochte die Bürgerseele über und ein Aufstand brach los. Anno flüchtete, kam aber bald mit Truppen zurück, die die Rebellion blutig niederschlugen. Die Rädelsführer aus der Bürgerschaft wurden geblendet und über den Häusern ihrer Familien …

Wir starten vor dem historischen Rathaus und steigen dann in nördlicher Richtung die Stufen zum **„Alter Markt"** herunter. Wir überqueren den traditionsreichen Platz, der seit 922 als „mercatus coloniae" urkundlich belegt ist. Dabei kommen wir zu unserer Linken am **Jan-von-Werth-Brunnen** von 1884 vorbei, der an die unglückliche Liebesgeschichte zwischen Jan und Griet erinnert. Die Magd hatte einst den armen Knecht verschmäht, der daraufhin in den Krieg zog. Als er als reicher General zurückkehrte, verschmähte er Griet, die immer noch Obst verkaufte.

Genau geradeaus tauchen wir in das **Martinspförtchen** ein, der direkte Durchgang zur Kirche Groß St. Martin. In diesem wurde ein gotischer Bogen aus dem 13. Jahrhundert verbaut, der ursprünglich aus dem Haus „Em Hanen" stammt. Auf dem Platz vor der alten Basilika angekommen wenden wir uns nach rechts und erblicken die kölschen Originale **Tünnes und Schäl**. Bei den Bronzestatuen versammeln sich immer Touristen, um Tünnes, dem Kleineren von beiden, an die schon blank gerubbelte Knollennase zu packen, was Glück bringen soll. Wir interessieren uns aber für eine andere, gänzlich unbeachtete Skulptur. Diese befindet sich rechts von den beiden Botschaftern des rheinischen Frohsinns. Auf der Rückseite des Hauses **Alter Markt 26** schaut die erste Fratze auf uns herunter. Ein grimmiger Quasimodo, dem die Zunge aus dem Maul hängt. Allerdings ist dies noch ein untypischer Grinkopf, denn er hat einen Unterkiefer. Dann passieren wir die 4,50 Meter hohe **Schmitz-Säule**. Auf einer Inschrift wird mit urkölschem Humor behauptet, dass an dieser Stelle römische Legionäre blonde Ubiermädchen gebützt hätten, den Urahninnen der Familie Schmitz. Daraus seien dann all die vielen Schmitzen entstanden, die heute fünf Seiten im Telefonbuch füllen. Nun gehen wir nach rechts bis zur Lintgasse, der wir linker Hand folgen. Das alte Wort für Korbflechter lautet Lintschleißer. Im Mittelalter wurden in dieser Gasse Körbe, Seile und Taue verkauft. Anschließend biegen wir in die Straße **„Auf dem Rothenberg"** ein. Gleich an der Ecke fällt der Blick auf den ersten typischen

An zahlreichen Wänden zeigen sich finstere Dämonenfratzen.

Annokopf. Das Prachtexemplar hat eine gerunzelte Stirn und spitze lange Reißzähne. Er ist aber schon ein bisschen zu alt, um uns zu fressen. Ein kleines Stückchen weiter kommt schon das nächste Monster. Es schaut von der Wand der Hausnummer 11 herunter und wirkt animalischer. Unter wulstigen Augenbrauen und spitzen Dämonenohren sieht man eine schweineähnliche Nase mit großen Nüstern … die Zähne sind ihm aber schon ausgefallen.

Nun wenden wir uns in diesem fast schon verträumten Teil des Martinsviertels in das Kastellsgässchen, das in einem Durchgang beginnt, und betreten den **Ostermannplatz**, den ein Brunnen schmückt. Dieser ist dem beliebten Volkssänger Willi Ostermann gewidmet, der von 1876 bis 1936 in Köln lebte und noch auf dem Sterbebett „Ich mööch zo Foß noh Kölle gon" komponierte. Wir überqueren das ruhige Plätzchen und stoßen auf der Rückseite der **Lintgasse** auf den nächsten Grinkopf, der stark verwittert ist. Nur eine Hand ist noch zu erkennen. Sie könnte zu einem Löwen gehört haben. Es gibt Bilder von alten Grinköpfen, denen zwei Löwen links und rechts das Maul aufhalten. Hier kehren wir um, gehen auf demselben Weg zurück und wenden uns hinter dem Durchgang nach rechts, bis wir auf die urige Gastwirtschaft **„Zum Walfisch"** treffen (s. S. 71). Im Vorgänger dieser Schenke wurde schon vor über 500 Jahren Bier getrunken. Und auch von diesem alten Eck glotzt uns ein düsterer Geselle entgegen. Diesmal wirkt er aber eher koboldartig, mit seiner dicken Nase und den „Dritten", also neuen Zähnen.

Annokopf an der Fassade des Gasthauses „Gilden im Zims"

Siegfried aus der NS-Zeit (l.), grummliger Annokopf in der Markmannsgasse (r.)

Von hier aus geht es nach links in die Salzgasse hinein. An der Ecke **Salzgasse/Buttermarkt** erblicken wir die Statue eines Siegfrieds. Er ist auch ein Dämon, nur ein jüngerer und eigentlich viel schrecklicherer. Denn er stammt aus der NS-Zeit – wie auch ein Großteil des ganzen Viertels. Obwohl dieser Teil Kölns Altstadt heißt und auf den ersten Blick recht mittelalterlich wirkt, ist hier kaum ein Gebäude älter als 100 Jahre. Die meisten Häuser wurden in den 1930er Jahren neu gebaut. Damals ließ die NS-Stadtverwaltung die alte zum Teil noch mittelalterliche Bausubstanz rigoros modernisieren und von „asozialen Elementen säubern". Das ehemalige Hafen- und Marktviertel galt mit seinen fliegenden Händlern und den verwinkelten Gassen als Hochburg der Kommunisten und Kleinkriminellen. Im stramm deutschen Geist entstand stattdessen die Kulisse einer gemütlichen, sauberen altdeutschen Welt. Vor den Neubauten wurden folkloristische Fassaden vorgeblendet, historische Elemente nach Belieben eingefügt und falsche Jahreszahlen aufgemalt. In die neuen Wohnungen zogen „nützliche Mitglieder der arischen Volksgemeinschaft" ein. Der Siegfried kündet deutlich vom Geist dieser Zeit. Denn der Drachentöter erscheint nicht mit wallender Mähne, wie auf alten, kitschigen, romantischen Bildern, sondern mit akkurat gestutzter und gescheitelter Kurzhaarfrisur. Als blonder deutscher Held symbolisiert er den „Sieg der Ordnung über die Anarchie".

Besonders kunstvoller Annokopf neben dem Delfter Haus

Nun wenden wir uns ein paar Meter nach links und kommen am **Buttermarkt** zum **Delfter Haus**, einem der wenigen originalen Häuser der Altstadt. Seine Fassade ist schon auf einem Stich aus dem Jahr 1531 recht gut zu erkennen. Am Haus rechts nebenan erwartet uns der nächste Annokopf, ein außergewöhnliches Exemplar. Auf seiner Stirn sind drei weitere Köpfchen zu sehen. Über die Bedeutung kann man nur rätseln. Hintergründe zur Gestaltung der einzelnen Exemplare sind nicht überliefert. Dann drehen wir wieder um und gehen in die andere Richtung über die Salzgasse hinweg bis zum Ende der Straße „Buttermarkt". Hier wenden wir uns nach links in die **Markmannsgasse**. Dort können wir über der Hausnummer 13 einen grummligen, bärtigen Annokopf bewundern, der offenkundig jüngeren Datums ist und eigentlich recht gutmütig aussieht.
Wir kehren hier um, laufen zurück bis zum Buttermarkt und biegen links in die **Hafengasse** ein, wo wir die Treppe hinaufsteigen. Oben angekommen nehmen wir den Durchgang, der auf der anderen Straßenseite vor uns liegt, und stehen auf dem **Eisenmarkt**. Hier residiert das **Hänneschen-Theater**, das urkölsche Stockpuppentheater, das vor mehr als 200 Jahren gegründet wurde. Wir überqueren den ruhigen Platz, begeben uns in das Halbmondgässchen und gelangen auf den Heumarkt. Nun wenden wir uns nach rechts Richtung Brauhaus Päffgen und gehen ein paar Schritte in die **Salzgasse** hinein. Nach ein paar Metern

finden wir einen weiteren Grinkopf mit zerfurchter Stirn. Er sieht aus wie ein schlafender König. Nun kehren wir wieder um, laufen zurück zum **Heumarkt**, der sich im Mittelalter zu einem bedeutenden Handelszentrum entwickelte. Früher verkauften die Bauern der Umgebung auf diesem großen Platz tatsächlich Heu, damit die Städter in Vor-Autozeiten damit ihre Pferde füttern konnten. Im 18. Jahrhundert stand hier die Börse. Wir überqueren den alten Marktplatz, bis wir zum Gasthaus „Zum Sankt Peter" gelangen. Es heißt heute **„Gilden im Zims"**, „Heimat kölscher Helden". Von den altehrwürdigen Häusern rundherum ist nur dieses eine Eckhaus, das 450 Jahre alt ist, stehengeblieben. An seiner Fassade befindet sich ein besonders gelungener Annokopf. Er war schon einmal richtig mit Moos überzogen und wirkt ein bisschen wie ein Bergtroll. Wir laufen auf dem Heumarkt weiter nach links, bis wir nach etwa 50 Metern auf eine Gedenkplakette für **Karl Marx** stoßen. Dort befand sich die Redaktion, in der der streitbare Kommunist zweimal die Rheinische Zeitung leitete. Das erste Mal von 1842 bis 1843, dann wurde sie wegen ihres rebellischen Tons von den Behörden eingestellt. Und noch einmal von 1848 bis 1849 als Neue Rheinische Zeitung, die dann auch wieder verboten wurde.

Dieser geflügelte Dämon wacht am Steinweg.

Gegenüber dem Reiterstandbild des Preußenkönigs Friedrich Wilhelm III. gehen wir nach rechts in die **Gürzenichstraße**. Nun nehmen wir die erste Straße rechts und laufen in die Gasse **„In der Fleischhalle"** und folgen ihr bis sie zum **Steinweg** wird. Hier finden wir den wohl hübschesten Annokopf. Er hat zu beiden Seiten Flügel. Dieses Exemplar ist außerdem eines der wenigen, das noch an seinem Originalort hängt.

Träumt von vergangenen Zeiten

Denn die Dämonen zogen im Lauf der Zeit oft um. Erst die Sanierung in der NS-Zeit, dann der Bombenkrieg und zuletzt der Wiederaufbau sorgten dafür, dass in der Altstadt kaum ein Stein auf dem anderen geblieben ist. Das macht es fast unmöglich, exakt zu sagen, wo sich welcher Kopf ursprünglich befand. Auch weiß niemand mehr ganz genau, wie viele Jahrhunderte die einzelnen Fratzenmasken auf dem Buckel haben. Was jedoch bekannt ist: Die ältesten stammen aus dem 14. Jahrhundert und haben streng stilisierte Haare. Im 15. und 16. Jahrhundert wurde das Design phantasievoller, und manchmal ließen die Steinmetze darin auch ihren Humor einfließen.

Doch wozu dienten die seltsamen Teufelsgesichter? Ihr Name kommt von greinen, also weinen oder grinsen. Fest steht: Für beide Anno-Legenden fehlt jeder Beweis. Außerdem gibt es diese Köpfe auch in Trier, was für Annos Unschuld spricht. Manche meinen, dass sie ein Relikt aus der Antike und deren Vorliebe für Masken sind. Denn im römischen Köln waren ähnliche Gruselmasken aus Terrakotta in Mode. Diese dienten als Dekoration in Gärten und Häusern und wurden in der Stadt getöpfert. Wahrscheinlich ist die Ursache jedoch viel simpler. Heute gehen Historiker davon aus, dass die Köpfe, die früher immer über Kellerluken hingen, Teile eines einfachen, aber sehr praktischen Transportsystems waren. Dahinter befand sich ein Loch in der Mauer. Zwischen diesem und dem Boden konnte man eine Stange klemmen. Die stabilen Eisenzähne, die meist v-förmig nach unten zusammenlaufen, gaben zusätzlichen Halt. Mit einem Seil ließ sich so leicht ein Flaschenzug basteln, um schwere Waren, wie Getreidesäcke und Weinfässer, aus dem Keller zu holen oder zu versenken. Die Gesichter darüber waren eher Zierde – und eigentlich sind sie doch auch ganz nette Jungs.

Um zurück zum **Rathaus** zu gelangen, gehen wir weiter bis zum **Seidmacherinnengässchen**, wenden uns nach links, laufen am Weinhaus Brungs vorbei bis zum Farinahaus, dem Geburtsort des Kölnisch Wassers. Von dort geht es nach rechts.

SERVICE

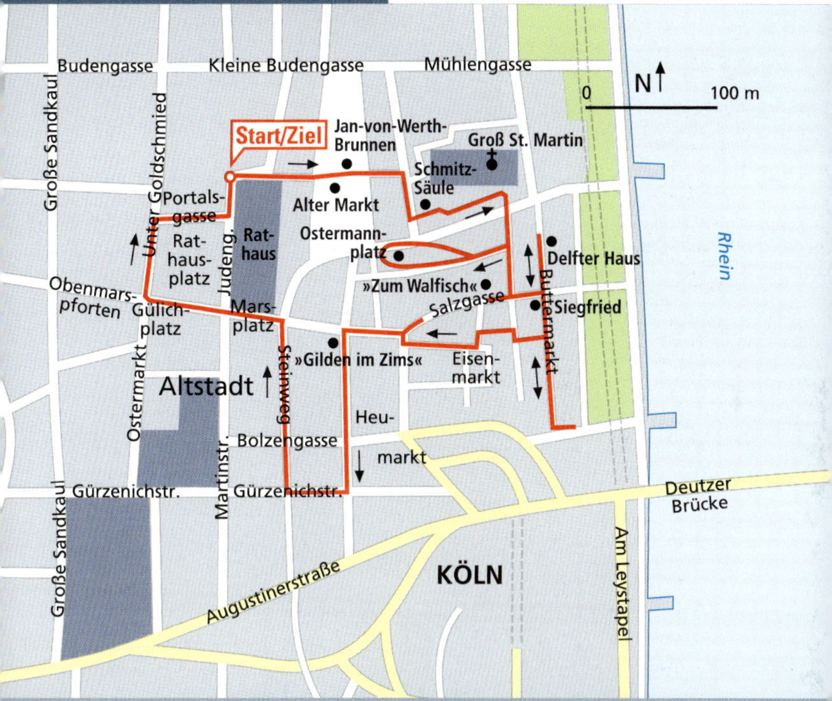

WO: Start der Tour am Rathausplatz 2, 50667 Köln

HINKOMMEN: Stadtbahnlinie 5, Haltestelle Rathaus

PARKEN: Parkmöglichkeiten am Startpunkt sind rar, deshalb empfiehlt sich eine Anreise mit dem ÖPNV.

LECKER: Gilden im Zims, Heumarkt 77, 50667 Köln, Tel. 0221-16 86 61 10, Mo–Fr 12–1 Uhr (Fr 3 Uhr), Sa 11–3 Uhr, So 11–23 Uhr, www.haus-zims.de

Blick auf Groß St. Martin (l.), lauschige Winkel im Martinsviertel (r.)

Das jüdische *Köln*

Durch eine versunkene Welt

Die Geschichte der Kölner Juden ist fast so alt wie die Stadt selbst. Doch vieles, was an sie erinnern könnte, ist aus dem heutigen Stadtbild verschwunden. Dieser nachdenklich stimmende Rundgang dreht die Uhr zurück und lässt einige Orte des jüdischen Kölns wiederauferstehen.

Früher sahen unsere Städte und Dörfer anders aus. Nicht nur, dass sie im Krieg zerstört wurden. In den Straßen und Gassen gab es auch Geschäfte – vom Schuhladen bis zum großen Kaufhaus – mit Namen wie Salomon oder Herzl, und neben den Hauseingängen hingen die Schilder jüdischer Ärzte oder Kanzleien. Die meisten der jüdischen Kölner hatten sich im Lauf der Zeit an das rheinisch-katholische Milieu angepasst. Viele waren begeisterte Karnevalisten, einige aber trugen die traditionellen großen Hüte und Schläfenlocken. Mit dem Holocaust ist all dies aus dem Stadtbild verschwunden, als wäre es nie dagewesen. Doch einige Relikte gibt es noch.

Wir starten linksrheinisch unter der **Hohenzollernbrücke** und schauen zum anderen Ufer auf das **Messegelände**, das aus den 1920er Jahren stammt. Die markante Klinkerfassade und der Turm mit den Hermes-

Messe Deutz – letzte Station in Köln für viele Juden

Wasserspeier am Dom mit antisemitischer Bedeutung: die „Judensau“

Gesichtern auf der Spitze sind dem Zentrum zum Greifen nah. Und doch ist vielen Kölnern die dunkle Rolle nicht bekannt, die das Gelände im Dritten Reich spielte. Rund 6000 jüdische Kölner verbrachten dort die letzte Nacht in ihrer Heimatstadt, bevor sie in die Todeslager transportiert wurden. Im Messeturm befand sich das Büro der Gestapo. In den Messehallen fanden zudem Auktionen statt, auf denen das Hab und Gut der ausgeplünderten Menschen versteigert wurde.

Gleich hinter der Brücke, jetzt mit Blick auf die Altstadt, halten wir uns rechts und steigen die Stufen hinauf in Richtung Dom und Museum Ludwig. Nach wenigen Schritten sehen wir auf dem steinernen Brückenkopf das einzige Reiterstandbild, das von **Wilhelm II.** existiert. Der letzte deutsche Kaiser gilt als Antisemit. Er bezeichnete die Juden beispielsweise als „Giftpilz an der deutschen Eiche“ und gab ihnen die Schuld am verlorenen Weltkrieg.

Kurze Zeit später stehen wir auf dem **Heinrich-Böll-Platz** – und damit inmitten des Freiluftkunstwerks **Ma'alot**. Der hebräische Name bezieht sich auf 15 Psalmen, die als „Stufenlieder“ bezeichnet werden und weit zurück in die jüdische Geschichte führen. Die ganze Anlage – die große Freitreppe, der Stufenturm und der Vorplatz des Museums – wurde 1986 von Dani Karavan geschaffen. Das Werk des israelischen Künstlers lässt jedem Besucher seine eigenen Assoziationen. Für viele ist es jedoch ein Denkmal für die Opfer der Shoah. Der Stufenturm erinnert an einen Wachturm und die Eisenbahnschienen verlaufen in Richtung Osten nach Deutz.

Wir gehen weiter und kommen nach wenigen Metern an der Dombauhütte vorbei. Über die Mauer blicken wir in die Werkstatt der Dom-Handwerker hinunter. Wenn wir hier nun aber hinaufschauen, sehen wir in luftiger Höhe ein kleines, gemeines Detail am altehrwürdigen **Dom**. Direkt über unseren Köpfen am Chor in Richtung Brücke schwebt ein Wasserspeier, der nicht zu den sonstigen Dämonen und Teufelchen passen will: ein Schwein. Unter ihm, kaum sichtbar, ist ein winziger Mann, der an den Zitzen des Tieres saugt. Es ist das sogenannte „Judensau"-Motiv. Das Spottbild taucht im 13. Jahrhundert auf und verhöhnt die Juden, für die das Schwein unrein ist.

Wir betreten die Kathedrale durch das Hauptportal und durchschreiten sie, bis wir links am Eingang zur Sakramentskapelle das in Stein gemeißelte **„Judenprivileg"** finden. Auf der zwei Meter hohen Tafel definierte Bischof Engelbert 1266 die Rechte der Juden und stellte sie unter seinen Schutz, was für ihn auch einträglich war, denn er lieh sich Geld von ihnen. Dann umrunden wir den berühmtesten Reliquienschrein Europas, in dem sich die Gebeine der Heiligen Drei Könige befinden sollen: Die Rückseite zeigt die Kreuzigungsszene. Die Folterknechte des Heilands tragen spitze Judenhüte. Ihre Gesichter sind wie bei einer Karikatur verzerrt. Ein weiteres Beispiel, wie die Kirche im Mittelalter den Judenhass schürte.

Wir verlassen den Dom durch den Haupteingang, wenden uns nach links, laufen ein kurzes Stück zurück und biegen vor dem **Römisch-Germanischen Museum** rechts ab. Wir überqueren die Straße **„Am Hof"**, spazieren geradeaus und biegen links zum **Historischen Rathaus** ab, dem ältesten Deutschlands. Hier bestaunen wir den Turm, der von den Promis der Stadtge-

Max Bodenheimer, Pionier des Zionismus, ziert den Rathausturm.

Das Rathaus stand einst mitten im jüdischen Viertel.

schichte bevölkert wird. Acht der 124 Figuren zeigen jüdische Menschen, unter anderem Jaques Offenbach, Karl Marx, Edith Stein, Moses Hess und Abraham von Oppenheim.
Nun bleiben wir vor der Renaissance-Laube des Rathauses stehen, wo die **Judengasse** beginnt. Schon im 12. Jahrhundert stand hier das Bürgerhaus der christlichen Kaufleute. Zugleich befinden wir uns mitten im ehemaligen jüdischen Viertel der Stadt. Die Nähe zwischen Christen und Juden war so eng, dass der Hauptbalken des Rathauses von dem benachbarten Haus eines jüdischen Bewohners gestützt wurde. Wahrscheinlich ist Köln die älteste jüdische Gemeinde Westeuropas. Es wird vermutet, dass sich Juden zwischen dem 1. und 3. Jahrhundert hier niederließen. Fest steht: Im frühen 4. Jahrhundert räumte Kaiser Konstantin ihnen einige Rechte ein, so durften sie Mitglieder der Stadtverwaltung sein. Seit 2007 wird auf dem Rathausvorplatz gebuddelt. Hier befindet sich nun die **„Archäologische Zone“**. Auf diesem Quarre stand höchstwahrscheinlich die antike Synagoge, vermutlich die älteste Deutschlands. Mit Sicherheit befand sich hier auch die mittelalterliche Synagoge. Auch gab es ein Bade- und ein Backhaus, ein Hospital und ein großes Gemeindehaus sowie die **Mikwe**, ein 1000 Jahre altes rituelles Bad, das als einziges Gebäude heute noch erhalten ist. Eine Treppe führt, an romanischen Säulen vorbei, einen turmartigen Schacht hi-

nunter. In 17 Metern Tiefe befindet sich ein Tauchbecken, das mit Grundwasser gefüllt ist. Mikwe ist das hebräische Wort für lebendiges Wasser, das für rituelle Waschungen unabdingbar ist. Und das Grundwasser ist lebendig, denn sein Pegel ändert sich je nach dem Stand des Rheins. Der Abstieg in die zurzeit aufgrund der Grabungen geschlossenen Mikwe, ist vorrausichtlich wieder 2019 möglich. Bis dahin soll hier ein Jüdisches Museum entstehen, in dem dann auch all die spannenden Dinge ausgestellt werden, die man aus der Tiefe zu Tage förderte. Neben Fundamenten wurden unter anderem Gold- und Silbermünzen entdeckt, die offensichtlich während eines Pogroms versteckt worden waren, aber auch ganz alltägliche Gegenstände wie Murmeln.

Ausgrabungsstelle Archäologische Zone

In den angrenzenden Gassen lebten im 13. Jahrhundert rund 850 Juden, bei rund 40.000 Einwohnern insgesamt. Doch 1349, als die große Pest wütete, verwüsteten die christlichen Nachbarn das jüdische Viertel, weil man die Juden als Brunnenvergifter für den Schwarzen Tod verantwortlich machte. Nur einige Familien blieben. 1424 wurden die letzten Juden verbannt. Erst durch Napoleon bekamen sie wieder das Recht, in der Stadt zu wohnen. Der erste jüdische Neubürger zog 1798 nach Köln. Auch der neue **Spanische Bau** (das Backsteingebäude gegenüber dem alten Rathaus), der in den 1950er-Jahren das im Krieg zerstörte historische Haus ersetzte, kann eine traurige Geschichte erzählen. In ihm erinnert eine Gedenktafel an elf jüdische Stadtratsmitglieder, die Opfer der NS-Diktatur wurden. Die Tafel befindet sich neben dem Sitzungssaal im ersten Stock. Doch eine gute Geschichte gibt es auch: Im Hansesaal des Rathauses, der aber nur mit Führung zu besichtigen ist, harren seit Jahrhunderten die „neun guten Helden" aus. Die überlebensgroßen Figuren stammen aus dem 14. Jahrhundert und sollen die Ratsherren stets ermahnen, ihre Regierungsaufgaben

Jüdin am Frauenbrunnen

gut zu erfüllen. Neben Julius Cäsar und König Artus zählen auch Judas Makkabäus, König David und der Prophet Josua zu diesem steinernen Rat der Weisen.

Nun gehen wir ein paar Meter zurück, überqueren die Straße „Unter Goldschmied“ und unternehmen einen Abstecher zum **Frauenbrunnen**. Dazu tauchen wir in den Innenhof der Wohnanlage „An Farina“ (Obenmarspforten 21) ein. 1987 stellte die Bildhauerin Anneliese Langenbach zehn Kölnerinnen im Lauf der Zeit dar, darunter eine Jüdin aus dem Jahr 1424. Wir gehen zurück, wenden uns bei der Straße **„Unter Goldschmied“** nach rechts und streifen nach wenigen Metern das Farinahaus an der Ecke, in dem 1709 das Kölnisch Wasser erfunden wurde. Hier biegen wir rechts ab und schlendern auf der Brückenstraße Richtung Offenbachplatz.

Einige Schritte weiter bemerken wir auf dem Boden einige „Stolpersteine“. Seit 1996 verlegt der Kölner Künstler **Gunter Demnig** sie vor den Wohnungen jüdischer Bürger, die während der NS-Herrschaft deportiert wurden. Wir gehen geradeaus, kreuzen die Einkaufsmeile

Winzige Denkmäler auf dem Bürgersteig: Köln ist die Heimat der Stolpersteine.

Breite Straße bis wir vor der Kirche St. Kolumba stehen. Gegenüber erhebt sich das wie ein Schiffsbug geschwungene **Disch-Haus.** Es wurde 1930 errichtet und galt als ultramodern. Von 1933 bis 1938 logierte darin der Jüdische Kulturbund Rhein-Ruhr. Diese Selbsthilfeorganisation verschaffte Künstlern, die unter Berufsverbot litten, Auftritte auf jüdischen Bühnen, um ihr wirtschaftliches Elend zu lindern. Genau daneben in der Brückenstraße 17 befand sich das Kaufhaus Salomon. An den Schaufenstern konnte man sich die Nase platt drücken, um feine Rüschenblusen und elegante Morgenröcke zu bestaunen. Die Märchenskulpturen aus „Des Kaisers neue Kleider" an der rekonstruierten Fassade erinnern an diese Vergangenheit.

Das Disch-Haus war eine der letzten Adressen des jüdischen Kulturlebens.

Nun überqueren wir die **Tunisstraße** und laufen in die **Glockengasse** in Richtung **4711-Haus**. Es ist kaum zu glauben, dass wir jetzt das ehemalige Zentrum des jüdischen Kölns betreten. In der Umgebung gab es früher zahlreiche jüdische Geschäfte, Metzgereien, Bäckereien sowie koschere Restaurants und Cafés. Eines der letzten war das Café Silberbach, die Spur des Wirtes Leo Silberbach verliert sich im Krieg.
Einige Meter davor bleiben wir stehen und schauen uns in der gesichtslosen Durchgangsstraße um. Im Krieg ist kein Gebäude stehengeblieben. Auch das 4711-Haus stammt aus den 1960er Jahren. Auf der

Das EL-DE-Haus war das Gestapo-Hauptquartier von Köln, heute befindet sich hier das NS-Dokumentationszentrum.

anderen Straßenseite fällt der Blick auf den Offenbachplatz mit der Oper. Hier stand früher ein exotischer Palast: Kölns größte und prächtigste Synagoge, im maurischen Stil erbaut. 1861 schenkte der Bankier **Abraham Freiherr von Oppenheim** sie seiner Gemeinde. Das Innere erinnerte an die Alhambra von Grenada, in der Kuppel funkelten Sterne. Dass es Oppenheim gelungen war, den Kölner Dombaumeister Ernst Zwirner für den Entwurf zu gewinnen, verdeutlicht die fortschreitende Integration der jüdischen Gemeinde in die Gesellschaft. Das herrliche Bauwerk fiel der Reichskristallnacht zum Opfer. Daneben stand das Palais der Bankiersfamilie Oppenheim. Im Inneren befand sich ein Tanzsaal, der sich über zwei Stockwerke erstreckte. Auch beherbergte die prächtige Stadtvilla einen Gemäldesaal mit Werken von Rembrandt und Rubens.

Nun wandern wir weiter geradeaus und biegen dann rechts in die **Neue Langgasse** ein, die nahtlos zur **Neven-Dumont-Straße** wird. Hier bleiben wir vor dem berüchtigten **EL-DE-Haus** stehen, dem ehemaligen Gestapo-Hauptquartier. Hinter seinen Mauern wurden zahlreiche Menschen ermordet, ihre Zellen kann man heute noch besichtigen. Ironischerweise blieb ausgerechnet dieser Ort im Krieg unzerstört.

Das EL-DE-Haus trägt die Initialen seines Erbauers Leopold Dahmen.

Heute beherbergt er eine Dauerausstellung zur Geschichte Kölns im Dritten Reich.

Auf der anderen Straßenseite befindet sich das preußische Gerichtsgebäude, in dem von 1933 bis 1945 NS-Unrecht gesprochen wurde. So wurden dort Juden wegen sogenannter Rassenschande hart bestraft. 1980 hat man hier den ehemaligen SS-Obersturmbannführer Kurt Lischka zu zehn Jahren Haft verurteilt. Er war 1940 Gestapochef im EL-DE-Haus und wurde dann einer der übelsten SS-Offiziere im besetzten Frankreich. Nach dem Krieg lebte er zwei Jahrzehnte lang weitgehend unbehelligt in Köln und arbeitete als Prokurist einer Getreidegroßhandlung.

Wer mag, geht ein paar Schritte weiter geradeaus bis zum **Stadtmuseum**, das eine große Judaica-Sammlung beherbergt. Ansonsten biegen wir direkt beim EL-DE-Haus nach links in die **Elisenstraße** ein. An ihrem Ende biegen wir nach links in „Auf dem Berlich“ ab, um nach wenigen Metern rechts die Helenenstraße bis zum Ende zu gehen. Hierbei kommen wir am Römerturm vorbei, der aus dem 2./3. Jahrhundert stammt. Wir überqueren die **St-Apern-Straße**, das alte jüdisch-orthodoxe Herz der Stadt. Bei den Hausnummern 29 bis 31 befand sich eine weitere

Der Löwenbrunnen erinnert an die getöteten jüdischen Kinder.

Synagoge und die Jawne, das erste jüdische Gymnasium im Rheinland. Es geht geradeaus zum **Löwenbrunnen**. Früher war auf diesem Platz Kinderlachen zu hören, denn wir stehen auf dem ehemaligen Schulhof der Jawne. Heute erinnert die Gedenkstätte, die den Löwen von Juda auf der Spitze trägt, an die 1100 ermordeten jüdischen Kinder aus Köln. Der Platz ist nach dem Direktor dieses Gymnasiums benannt. **Erich Klibansky** gelang es 1939 in vier Transporten seine „englischen Klassen" mit 130 Schülern und einigen Lehrern nach England auswandern zu lassen. Bald danach wurden die Grenzen geschlossen. Er selbst wurde 1942 deportiert und erschossen (weitere Infos bietet der **Lernort Jawne**, der mit Ausstellungen und Veranstaltungen die Erinnerung an die Schule wachhält). Und so endet der Rundgang wie er begonnen hat: mit einem traurigen Blick in die Vergangenheit. „Ich habe Köln doch so geliebt", erzählt Anni Kerner, die 1920 in Köln geboren wurde, in dem gleichnamigen Buch von Barbara Becker-Jakli. Ihr gelang die Flucht nach Nizza, wo sie bis zu ihrem Tod 1999 lebte.

SERVICE

WO: Start der Tour unter der Hohenzollernbrücke, Konrad-Adenauer-Ufer, 50668 Köln
HINKOMMEN: mit verschiedenen Stadtbahnlinien bis Hauptbahnhof, dann Ausgang Breslauer Platz und nach rechts zum Rhein
PARKEN: Parkmöglichkeiten am Startpunkt sind rar, deshalb empfiehlt sich eine Anreise mit dem ÖPNV.
ANSCHAUEN: Lernort Jawne, Erich-Klibansky-Platz, Albertusstraße 26, 50667 Köln, Tel. 0151-25 18 49 88, www.jawne.de.
Geöffnet: Di und Do 11–14 Uhr, So 12–16 Uhr
Übrigens: Die größte heutige Synagoge Kölns befindet sich in der Roonstraße, ein wenig außerhalb des Zentrums. Sie wurde in den 1950er Jahren wieder aufgebaut.
LECKER: Weinhaus Brungs, Marsplatz 3–5, 50667 Köln, Tel. 0221-2 58 16 66, www.weinhaus-brungs.de.
Geöffnet: Mo–So 12–24 Uhr
LITERATURTIPP:
Barbara Becker-Jakli, Ich habe Köln doch so geliebt, Volksblatt Verlag (1993), ISBN-10: 3926949120

Der *Tod* wohnte gleich *gegenüber* von Melaten

Der letzte Gang der Hexe von Köln

„Hokuspokus fidibus" – heute gibt es wieder eine ganze Menge Frauen, die stolz von sich behaupten, sie seien eine Hexe. Vor einigen hundert Jahren konnte dieses Wort den Tod bedeuten. Das prominenteste Opfer der Hexenjagd in Köln war Katharina Henot. Sie hauchte ihr Leben 1627 auf der Haupthinrichtungsstätte der Stadt aus: auf Melaten. Diese befand sich jedoch nicht, wie viele meinen, auf dem heutigen Friedhofsgelände. Aber wo war sie? Wir begeben uns auf Spurensuche nach einem vergessenen Ort …

Irgendwann zwischen 1570 und 1580 erblickte **Katharina Henot** das Licht der Welt – und zwar in sehr angenehmer Umgebung. Ihre Mutter war eine Adlige, ihr Vater der Kölner Postmeister Jakob Henot, der zudem im Auftrag des Kaisers das Postwesen im Reich neu organisierte. Die Familie, die in der Sternengasse wohnte, zählte damit zur Kölner High Society. Aber sie befand sich auch in einem jahrzehntelangen Rechtsstreit um die einträgliche Postlizenz. Nachdem Vater Jakob 1625 starb, führte Katharina mit ihrem Bruder Hartger, einem Domherrn und Juristen, die Postmeisterei weiter. Doch 1626 verloren sie die Lizenz endgültig an die Fürsten von Taxis. Die eigentliche Katastrophe bahnte sich in diesem Jahr aber erst an. Im Zuge des Hexenwahns machten Gerüchte die Runde, die taffe Geschäftsfrau wäre mit dem Teufel im Bunde. Die Vorwürfe lauteten unter anderem: Sie soll eine Raupenplage in das Klarissenkloster gehext und Unzucht getrieben haben. Die Witwe, die damals immerhin schon um die 50 Jahre alt und Mutter einer erwachsenen Tochter war, wehrte sich mit allen Mitteln gegen die üble Nachrede. Erfolglos. Man klagte sie offiziell an. Trotz ihrer hochrangigen gesellschaftlichen Stellung und den juristischen Fähigkeiten ihres Bruders, wurde sie mindestens dreimal gefoltert, beteuerte aber weiterhin ihre Unschuld. Dennoch wurde sie wegen Schadenszauber zum Tode verurteilt. Ein klarer Rechtsbruch. Denn nach damaligem Recht mussten Beschuldigte freigelassen werden, wenn

Der Gedenkstein auf Melaten erinnert an zwei vermeintliche Ketzer.

sie selbst unter der hochnotpeinlichen Befragung kein Geständnis ablegten. Stattdessen zog man Katharina Henot am 19. Mai 1627 in einem Armesünderkarren durch die Straßen. Der grausige Zug schaukelte vom bischöflichen Gefängnis am Kölner Dom an Minoriten vorbei, über die Breite Straße, durch das ehemalige Ehrentor und die hohle Gasse nach **Melaten** – vorbei an unzähligen Schaulustigen. Dort wurde sie vom Scharfrichter als Akt der Gnade immerhin zuerst erwürgt, bevor man sie in einer Strohhütte verbrannte. Bis heute sind die Gründe, die wirklich zu ihrer Hinrichtung führten, ungeklärt. Vielleicht war es der wirtschaftliche Neid ihrer Konkurrenten, allerdings hatte sie zu dem Zeitpunkt den Prozess um die Postmeisterei bereits verloren. Vielleicht war es auch „nur" der allgemeine, sich gerade aufheizende Hexenwahn.

Fest steht: Der Prozess gegen sie war der Auftakt einer regel-

Die Hinrichtungsstätte an Melaten

Die Hinrichtungsstätte bestand aus einem Galgen für die unehrenhaften Hinrichtungen, die an „einfachen" Kriminellen vollstreckt wurden. Daneben erhob sich ein Rondell für die ehrenhaften und als schmerzloser geltenden Hinrichtungen durch das Schwert, die den Höhergestellten vorbehalten waren. Dieses war mannshoch gemauert, damit das Publikum besser zuschauen konnte. Außerdem gab es eine Kesselkuhle, eine Senke im Boden, in der die Verurteilten verbrannt wurden. Auch schreckliche Folterungen fanden hier statt. So wurden 1588 die Entführer des Bäckers Philipp Ecks erst gerädert und dann geköpft.

rechten Hexenprozesswelle in Köln. Bis 1655 wurden auf der öffentlichen Hinrichtungsstätte an Melaten 27 weitere vermeintliche Hexen in den Tod geschickt, zuletzt das Mädchen **Entgen Lenarts**, das bei ihrer Verhaftung zehn Jahre alt war. Dieses „Teufelsliebchen" soll am helllichten Tag an einem Hexentanz teilgenommen haben. Sie musste allerdings noch zwei Jahre auf den Tod warten, da sie erst rechtsmündig sterben durfte. Der Richtplatz lag jedoch nicht auf dem heutigen Friedhofsgelände, sondern gegenüber. Alte Darstellungen zeigen, dass er sich nur in der Nähe des alten Gutshofs zu Melaten befand. Dieses war Kölns Heim für Leprakranke, das seit 1180 urkundlich belegt ist. Historiker des Kölner Stadtarchivs sind sicher, dass die Hinrichtungsstätte auf der anderen Straßenseite der damaligen Via Belgica, der heutigen Aachener Straße, lag. Auf manchen alten Zeichnungen sieht man

Hat der heute so reizvolle Clarenbachkanal eine schaurige Vergangenheit?

im Hintergrund außerdem Wasser, eine Art Sumpf – das könnte wiederum die Stelle sein, an der sich heute der Rautenstrauchkanal befindet …

Unsere Suche beginnt: Wir betreten den **Melatenfriedhof** über den **Eingang Piusstraße** und folgen dem Weg geradeaus. Schon nach einigen Dutzend Schritten finden wir zu unserer Rechten eine erste Spur. Eine

Unsere Suche beginnt in Melaten – und führt uns auf die Aachener Straße.

Gedenkplatte auf dem Boden erinnert an zwei Menschen, die ihr Leben auf dieser Richtstätte verloren. Es waren der Prediger **Adolf Clarenbach** und der etwa 20-jährige Student **Peter von Fliesteden**. 1529 wurden die zwei frühen Anhänger Martin Luthers als Ketzer verbrannt. Die letzten Worte Clarenbachs lauteten: „Herr, in deine Hände befehle ich meinen Geist!" Doch hier an dieser Stelle hat er diese Worte nicht gesagt.

Warnte vor den Leprakranken: der Schellenknecht

Wir spazieren nun ein Stückchen geradeaus. Dabei kommen wir an der Ruhestätte der berühmten Kölner Familie Deichmann mit dem großen Obelisk vorbei. Wilhelm Ludwig Deichmann war einer der bedeutendsten Bankiers der Stadt Köln und gehört zu den Mitbegründern der Deutschen Bank. Wir wenden uns beim ersten Rondell nach links und laufen jetzt in Richtung Aachener Straße. Am zweiten Rondell passieren wir das große Denkmal, das an

Wuchtige Sagenskulpturen aus den 1930er Jahren flankieren den Kanal.

die gefallenen napoleonischen Krieger aus der Region erinnert, bleiben geradeaus und verlassen den Friedhof. Auf der Aachener Straße gehen wir nach rechts und laufen die Friedhofsmauer entlang. Gegenüber der Straßenbahnhaltestelle steht in einer Nische der Friedhofsmauer die Skulptur eines Schellenknechts. Genau hinter der Mauer befindet sich die **alte Friedhofskapelle** von 1245, die zum Leprosenheim gehörte. Dieses stellte auch den Armesünderkarren und dort erhielten die Totgeweihten auch einen letzten Schluck Wein. Denn zur Siechenanstalt gehörte auch ein Wirtshaus, das Offermannshaus. Der kleine Klappermann in der Außenmauer erinnert daran, dass die Aussätzigen früher an bestimmten Tagen zum Betteln in die Stadt durften. Dann ging ihnen einer mit einer großen Schelle voran, der die Bürger vor ihnen warnte. Das „Aussetzen" der Kranken vor die Mauern der Stadt war der einzige Schutz für die Bevölkerung. Diese Siechenhäuser befanden sich wie auch die Hinrichtungsstätten meist ein bis zwei Meilen vor den Stadttoren, an den großen Ausfallstraßen. Wer also hier vor einigen Jahrhunderten entlangkam, hatte es daher wahrscheinlich eilig. Man kam nicht nur an den „Maladen" – von diesem Wort stammt auch der Name „Melaten" – vorbei, auch die Gehängten baumelten im Wind. Schlimmer noch, es konnte sein, dass die Scheiterhaufen noch loderten und die Geräderten stöhnten … Im Volksmund hieß das schaurige Gelände übrigens Rabenstein. Der Name kam nicht von ungefähr: Die Vögel fanden genug zu fressen.

Totenglocke am Friedhof

Wir überqueren die **Aachener Straße**, auf der heute zehntausende Autos entlangfahren, wenden uns auf der anderen Straßenseite nach links und gehen bis zur **Hausnummer 251**. Hier in etwa lokalisieren einige Experten den historischen Platz für die Hinrichtungen. Heute ist davon nichts mehr zu sehen – nur ein mehrstöckiges Wohnhaus. Wir gehen ein kurzes Stück zurück und biegen dann in die **Pfitznerstraße** ein. Sie stößt auf die Clarenbachstraße, deren Name ebenfalls an den Wortführer der Reformation erinnert. Hier biegen wir rechts ab und laufen unter Rosskastanien den grünen **Clarenbachkanal** entlang. Im Wasser spiegeln sich die Zweige. Er wurde Anfang der 1920er Jahre angelegt und

Weitere Richtplätze in Köln

Es gab früher viele Gründe für eine Verurteilung zum Tode. Diebstahl, Raub, Aufruhr … Gnade, Mitleid und Verständnis gab es dagegen kaum. Die Richtstätten lagen zumeist an den großen Ausfallstraßen. Eine weitere Hinrichtungsstätte befand sich seit 1163 in südlicher Richtung an der Bonner Straße, und zwar beim Judenbüchel, dem mittelalterlichen jüdischen Friedhof, in Raderberg. Der Name des Stadtteils stammt vermutlich vom Marterberg, auf dem die Verurteilten gerädert wurden. Über dem Areal wurde 1936 die Markthalle gebaut. Aber auch am Weyertor wurde getötet und sogar im Stadtzentrum. Auf dem Alter Markt stand lange Zeit der öffentliche Pranger, auf dem Heumarkt wurden politische Vergehen mit dem Schwert gerichtet – es gab aber auch einen Galgen dort. Die Vollstreckung der Todesurteile war immer ein willkommenes Spektakel. Die letzte öffentliche Hinrichtung bei Melaten fand am 13. Juli 1797 statt, als der Kirchenräuber Peter Eick gehängt wurde. Danach beendeten die aufgeklärten Franzosen die schaurigen Volksbelustigungen.

Wir begegnen der Aquarellmalerin Christa Gaa Howard.

sollte ursprünglich eine grüne Verbindungsschneise zwischen Stadtwald und Innenstadt werden. Adenauer träumte gar von einer eleganten Promenadenavenue im Stil der Düsseldorfer Kö. Davon merkt man wegen der vielbefahrenen Straßen rundherum heute nicht mehr viel, sodass die lauschige Ecke eher einen Inselcharakter hat. Hinter der Brücke biegen wir nach links in die **Brucknerstraße** ab. Danach überqueren wir den **Karl-Schwering-Platz**, der einen kleinen Park mit einem Zierbecken in der Mitte beherbergt. Er verdankt seine Entstehung einem architektonischen Kniff – denn bis zum Zweiten Weltkrieg stand neben dem Kanal das Kloster zum Guten Hirten, eine Einrichtung für „gefallene Mädchen". Deswegen konnte der Kanal nicht in einer Linie gebaut werden, sondern versetzt. Nun kommen wir zu einem weiteren, größeren runden Wasserbecken mit schwungvoll geflochtenen Eisengittern und einer Fontäne in der Mitte. Gleich dahinter treffen wir auf die griechischen Sagenfiguren **Kentaur** und **Najade**, zwei üppige Skulpturen aus dem Jahr 1930.

Hier biegen wir rechts ab und wandeln nun unter einer dichten Lindenallee am **Rautenstrauchkanal** entlang. Dann gehen wir nach rechts in die Lortzingstraße, der wir bis zur Ecke Clarenbachstraße folgen. Laut einiger Biografien über Adolf Clarenbach ist exakt diese Straßenkreuzung **Clarenbachstraße/Lortzingstraße** die Stelle, an der das Leben des protestantischen Märtyrers – und damit das aller anderen Hingerichteten – endete. Es würde gut passen. Denn wir sind immer noch nicht weit vom Melatenfriedhof entfernt, befinden uns auf der

Seit 1989 am Rathausturm: Katharina Henot

anderen Seite der Aachener Straße, und in der Nähe eines Gewässers, das vielleicht einmal ein Sumpf war. Hinter dem welken Herbstlaub schimmert dunkel das Wasser.
Wir gehen weiter geradeaus, schnell gelangen wir wieder auf die Aachener Straße, die wir überqueren und beim ersten Eingang erneut in den Friedhof eintreten. Wir folgen dem ersten Pfad nach rechts bis zum Ende. Dann wenden wir uns nach links und nehmen die erste Möglichkeit rechts. Wir bleiben nun ein ganzes Stück geradeaus bis fast vor die östliche Friedhofsmauer. Hierbei kommen wir am anmutigen Frauenkopf auf dem Grab der Malerin Christa Gaa Howard vorbei und an dem berührenden Relief an der Ruhestätte von Johann Joseph Gronewald, Direktor der Kölner Taubstummenschule. Dann geht es nach links über den Hauptweg zum Ausgang. Doch wie ging die Geschichte der Satansweiber von Köln weiter? Bis 1655 gab es in der Domstadt rund 96 Prozesse wegen Hexerei. 38 endeten mit dem Todesurteil, zehn der Todgeweihten waren Hebammen. Die Geburtshelferinnen waren besonders gefährdet, weil sie mit Babys vor der Taufe in Berührung kamen und die „ungeschützten" Seelen leichter verhexen konnten. Unter den Verurteilten waren aber auch drei Männer und ein Junge.
Eine achtjährige „Kinderhexe" hatte Glück, sie wurde nur aus der Stadt verbannt. Abgeebbt ist der Wahn aber bereits 1629. In diesem Jahr beschuldigte die verwirrte **Christina Plum** zahlreiche bekannte Bürger der Stadt der Hexerei. Sie wurde im Schnellverfahren selbst als Hexe hingerichtet, aber mit dem Vorwurf ging man danach etwas vorsichtiger um.
Was Katharina Henot betrifft, so hat sie weitere Spuren hinterlassen: Auf Antrag des Kölner Frauengeschichtsvereins wurde im Jahr 1988 eine Straße nach ihr benannt. Seit 1989 schaut sie auch vom Kölner Rathausturm herunter und die Gesamtschule in Kalk-Höhenberg trägt ihren Namen. Auch die Bläck Fööss haben ein Lied über sie geschrieben. 2011 reichte der evangelische Pfarrer Hartmut Hegeler zudem beim Rat der Stadt Köln einen Antrag auf Rehabilitation aller zum Tode verurteilten „Hexen" ein. Formaljuristisch konnte die Stadt dem nicht entsprechen, da sie nicht Rechtsnachfolger des Heiligen Römischen Reichs Deutscher Nation ist – aber man verurteilte das Unrecht symbolisch.

SERVICE

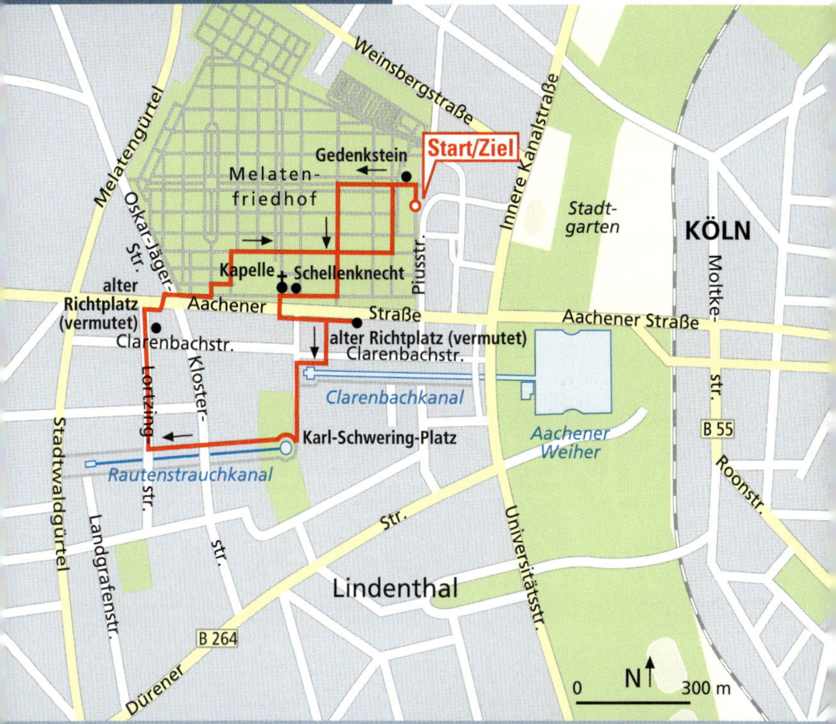

WO: Start der Tour am Haupteingang des Melatenfriedhofs, Piusstraße, 50931 Köln, www.melatenfriedhof.de

GEÖFFNET: März 8–18 Uhr, Apr.–Sept. 7–20 Uhr, Okt. 7–19 Uhr, Nov.–Feb. 8–17 Uhr

HINKOMMEN: Stadtbahnlinien 1 und 7, Haltestelle Melaten

PARKEN: an der Piusstraße in Höhe der Hausnummer 120

LECKER: Marienbild, Aachener Straße 561, 50933 Köln, Tel. 0221-50 05 51 60, www.marienbild.de. Geöffnet: Mo–So ab 12 Uhr. Das Gebäude, das 1721 erstmalig erwähnt wurde, diente früher als Postkutschenhaltestelle.

Eingang zum Melatenfriedhof

Villen-
spaziergang
Marienburg

Jaguar, Panther & Co.

In der guten alten Zeit war es ein beliebtes Sonntagsvergnügen mit der Pferdebahn oder dem Raddampfer nach Marienburg zu fahren, um dort im „Restaurant 1. Ranges" Kaffee zu trinken. Anschließend schlenderte man durch die Alleen und „spinzte" über die Zäune, um einen Blick in das Leben der feinen Gesellschaft zu erhaschen. Heute ist das etwas aus der Mode gekommen, aber der Spaziergang durch das vornehmste Viertel Kölns ist immer noch ein spannender Ausflug.

Längst rauschen die Autos an der hohen Mauer vorbei, dort wo der Militärring am Rheinufer beginnt. Doch was versteckt sich eigentlich dahinter? Ein Park oder gar ein Schloss? Es ist die **Marienburg**, das Gebäude, mit dem alles anfing. 1845, zur Blütezeit der Rheinromantik, erwarb der Kaufmann **Paul Joseph Hagen** dieses Fleckchen Erde. Es war der alte Galgenberg der Gemeinde Rondorf, damals nur ein grüner Hügel in ländlicher Umgebung. Allerdings eröffnete sich von seinem Gipfel der Blick aufs Siebengebirge, vielleicht das Letzte, was die Todgeweihten sahen. Genau dort errichtete Paul Joseph Hagen den Gutshof Marienburg, den er nach seiner Tochter Maria nannte.

20 Jahre später entdeckte der findige Grundstücksspekulant **Ernst Leybold** bei einem Spaziergang dieses zauberhafte Fleckchen. „Dies ist die schönste noch von Industrie unberührte Stelle der nahen Umgebung Kölns", soll er gesagt haben. Er kaufte die Marienburg mitsamt 500 Morgen Land – und hatte den richtigen Riecher: Hier wollte er eine gehobene „Villencolonie" erschaffen, nah an der Stadt und doch weit genug entfernt von ihrem Getöse. Geld war da, denn im 19. Jahrhundert wurde das Großbürgertum immer reicher und baute sich seine eigenen Adelssitze.

Also gründete Leybold in den 1870er Jahren die „Immobiliengesellschaft Marienburg". Aber noch sollten seine Pläne reine Luftschlösser bleiben. Das Geschäft lief nur schleppend an und die Marienburg verwandelte sich in ein Ausflugslokal. In den 1890er Jahren wurde sie zu einem „Restaurant 1. Ranges" umfunktioniert, das „vorzügliche Mili-

‹ *Gab dem Viertel seinen Namen: die prächtige Marienburg*

tär-Concerte“ bot und 1200 Plätze hatte. Und nun war der neue Stadtteil endlich en vogue. Allerdings kam noch etwas Entscheidendes hinzu. In den „besseren Kreisen“ galt es als modern, „old fashioned“ zu wohnen. Die mondäne High Society schielte nach England. Auch **Fritz Vorster**, Sohn des Gründers der Chemischen Fabrik Kalk und Mitglied des Aufsichtsrats der Marienburger Immobiliengesellschaft, war begeistert vom „british way of life“. Als er sich mit dem amerikanischen Zahnarzt **Harvey Cotton Merrill** anfreundete, war dies der Startschuss zur Entstehung eines Villenvororts im angloamerikanischen Stil. Denn wer in Köln etwas auf sich hielt, ging zum „American Dentist“. Die goldene Mischung aus Zahnarztbesuch und dem Verkauf von Grund und Boden entwickelte sich zu einem florierenden Immobiliengeschäft. Die oberen Zehntausend griffen zu. Zahlreiche Großvillen im Landhausstil, eingebettet in weite Parklandschaften, schossen wie Pilze aus dem Boden.

An einem dieser Anwesen startet unser Rundgang. Wir beginnen in der **Parkstraße**, die wie beim Monopoly-Spiel zu den besten Adressen gehört. Hinter der Hausnummer 1–5 verbirgt sich ein einziges Anwesen. Mit seinen Fachwerkgiebeln und dem schmucken Eingang könnte es auch in Wales an der Küste stehen. Tatsächlich wurde es 1914 als Eigenheim für den Zeitungsverleger Josef Neven-DuMont gebaut. In seinem Inneren befindet sich ganz stilecht eine große holzgetäfelte Halle, außerdem gibt es einen in Marmor gefassten Kamin und ein Zimmer nur zum Teetrinken. Zum Herrenhaus gehörten außerdem Gärtner-, Garagen- und Chauffeurhaus. Erbaut wurde das Anwesen von **Paul Pott**, der mehr als 30 Villen in Marienburg errichtete und der Schwiegersohn des Zahnarztes Merrill war. Er gilt als der Grandseigneur der feinen britischen Landhaus-Architektur am Rhein.

Nach dem Zweiten Weltkrieg geriet die Gründerzeitvilla in den Strudel

Vergängliche Pracht

der Geschichte – und wurde wie viele Großvillen Marienburgs Botschaftssitz. Denn nachdem Bonn Hauptstadt geworden war, verlagerten etliche Länder ihre Konsulate ins nahe gelegene elegante Hinterland. 1951 zog die Gesandtschaft des Kaiserreichs Iran ein. Bis heute gehört die alte Villa Neven-DuMont dem Staat Iran und sorgte in den Medien und der Politik für einigen Wirbel. 1987 bezeichnete der Stern diese Adresse als „Haus des Terrors". 1993 schrieb der Focus: „Längst ist es aktenkundig, dass das ‚Iranhaus' an der Parkstraße 5 in Köln eine wichtige Station für persische Geheimdienstler ist …"

Die andere Straßenseite nimmt uns mit auf eine bewegende Zeitreise. Dort gibt eine Tafel einen persönlichen Einblick in das Leben der jüdischen Rechtsanwaltsfamilie Auerbach, die von 1914 bis 1938 in der Parkstraße 10 wohnte. Nach der Machtergreifung verschlechterte sich ihre ökonomische Lage, sodass sie das Haus in mehrere Mietswohnungen aufteilen musste. Tochter Marianne konnte 1935 noch nach Palästina ausreisen, Mutter Johanna und Tochter Ulrike wurden ermordet.

Wir gehen geradeaus über die Marienburger Straße, folgen weiter dem Straßenverlauf der Parkstraße und spazieren dabei direkt auf den **Puttenbrunnen** zu. Er liegt exakt vor der Zufahrt zur Marienburg. Durch

Die Kinder des Fabrikanten Heinrich Schütte standen 1906 Modell für den Puttenbrunnen.

das prächtige schmiedeeiserne Tor, das ein bisschen an Jean Cocteaus Märchenfilm La Belle et la Bête erinnert, kann man einen Blick auf das palastartige Anwesen werfen. Seit 1926 ist es die Gerling-Burg. Robert Gerling, Gründer der gleichnamigen Versicherung, bezog damals das Schloss im Süden als Privatresidenz. Heute dient es als Management-Schule des Konzerns.

Wir folgen dem Bogen und biegen beim Kreisel in die Straße **„Unter den Ulmen“** ab, in der bis 1994 Tina Turner wohnte. Nun kommen wir zur **Villa Vorster**, die sich jener Fritz Vorster auf einem 18.000 Quadratmeter großen Grundstück errichten ließ. Das Haus mit der Nummer 148 gehört zu den ältesten Schätzchen des Viertels und ist eines der ersten stilechten englischen Landhäuser Deutschlands. Es entstand von 1891 bis 1894 mit Remise, Stallungen, Kutscherwohnung, „Grünhaus“, Gärtnerhaus, Kegelbahn und Hühnerhaus. Noch heute steht die Villa Vorster frei in einem großen englischen Landschaftspark. Von 1953 bis 2003 diente sie als belgisches Militärgericht, dann wurde sie in Luxuswohnungen aufgeteilt.

SA-Mann am Gemeindehaus der evangelischen Kirche

Nun biegen wir links in die **Marienburger Straße** ein. Linker Hand fällt der Blick auf das Haus mit der Nummer 17a, das 1936 als „niederrheinisches Landhaus“ entstand. Rechts vor uns erscheint die Doppelvilla 24–26. Sie wurde 1902 für zwei Kaffeepersönlichkeiten errichtet, die Brüder Arthur und Julius Cäsar, Besitzer der großen gleichnamigen Rösterei. Gegenüber liegt das Haus mit der Nummer 19, das fast wie ein kleines barockes Landschloss wirkt. Tatsächlich ist es aus dem Jahr 1926. Hier residierte lange Jahre Otto Wolff von Amerongen (1918–2007). Er erbte den Otto-Wolff-Stahl-Konzern und vermittelte dem Dritten Reich Lieferungen des kriegswichtigen Edelmetalls Wolfram. Von 1969 bis 1988 war der Großindustrielle Präsident des Deutschen Industrie- und Handelstags. Nun biegen wir rechts in die **Pferdmengesstraße** ab. Hier gibt es dann auch mal eine Apotheke, ansonsten existieren keine Geschäfte im Stadtteil. Zum Einkaufen fährt man mit dem Auto in die benachbarten Viertel. Auf unserem Spaziergang in Marienburg begegnen wir deswegen auch nicht allzu vielen Menschen. Auf der anderen Seite ist die Oldtimerdichte sehr hoch und wir kommen an etlichen Jaguars vorbei. Zwischendurch können wir immer wieder einen Blick über die Gartenzäune werfen – in grüne Paradiese mit Pavillons, Skulpturen, Springbrunnen und üppigen Hortensien.

Nun gehen wir links in die **Mehlemer Straße** hinein. Nach einigen Metern taucht ein Gebäude am linken Straßenrand auf, das aussieht wie ein Landschulheim. Doch was ist da am seitlichen Portal zu sehen? Die Silhouette eines Hakenkreuzes? Tatsächlich. Das Haus stammt aus dem

Versteckter Winkel in der Villenkolonie Marienburg

Jahr 1934. In jener Zeit ging die Leitung der evangelischen Gemeinde Bayenthal an die „Deutschen Christen" über, den protestantischen Ableger der NSDAP. Die Verbindung zwischen NS-Ideologie und Christentum wurde durch zwei Flachreliefs am Eingang dargestellt. Dort stehen sich bis heute Martin Luther mit Lutherrose und ein SA-Mann mit Hakenkreuz-Symbol gegenüber. Das NS-Relief wurde nach 1945 zwar abgeschlagen, sein Schatten aber blieb – und war lange Jahre von einem Schaukasten verdeckt. Seit 2005 hängt daneben zur Erläuterung eine Tafel.

Bei der Reformationskirche spazieren wir nun durch den kleinen Park und biegen dann links in die **Goethestraße** ein. Hier reihen sich viele

Das Pfarrhaus der Kirchengemeinde St. Maria Königin

kleinere Villen aneinander. Die Atmosphäre ist hanseatisch gediegen, kaum ein Geräusch ist zu hören, außer vielleicht die Rasensprenger im Sommer. Auffallend ist das Haus Nummer 62 mit dem wuchtigen Portal. Diese Stadtburg wurde vom Architekt und Bauunternehmer **Heinrich Stöcker** im neoklassizistischen Stil als Domizil für sich selbst errichtet – und zwar in den Jahren 1917 bis 1920. Verwunderlich, denn in den letzten Jahren des Ersten Weltkriegs herrschte ein absoluter Baustopp. Direkt daneben steht die eher unscheinbare Villa mit der Hausnummer 64. Sie ist ein Frühwerk des Architekten **Clemens Klotz**, der sie 1922 für den Regierungsrat Ludwig Rheindorff erbaute. Vielleicht hat er sich bei der klassizistischen Bauweise noch durch den Straßennamen anregen lassen. Später zählte der gebürtige Kölner zu den führenden Architekten des Dritten Reiches. Er errichtete so monströse NS-Bauten wie die Ordensburg Vogelsang in der Eifel, das KdF-Seebad Prora auf Rügen und auch das **Martin-Luther-Haus** in der Mehlemer Straße, an dem wir gerade vorbeigegangen sind.

Von der imposanten aristokratischen Bürgervilla mit der Hausnummer 66, die inmitten eines 3000 Quadratmeter großen Parks liegt, können wir durch die Hecke nur kleine Blicke erhaschen. Sie wurde von 1922

Zauberhaft: die gläserne Taufkapelle von St. Maria Königin

bis 1924 als repräsentative Dienstvilla für Heinrich Gruenwald erbaut, den Generaldirektor der Kölnischen Rückversicherungs-Gesellschaft. Entworfen hat sie **Theodor Merrill**. Der Sohn des Zahnarztes und seit 1912 auch der Schwager von Paul Pott, zählt ebenfalls zu den bedeutendsten Architekten, die sich in diesem edlem Viertel verewigten.
Wir überqueren die Leyboldstraße. Rechts von uns befindet sich jetzt die **Kirche St. Maria Königin**. Mit ihr bekam Marienburg 1954 auch ein katholisches Gotteshaus. Erbaut wurde es von **Prof. Dominikus Böhm**, der den roten Ziegelbau in ein altes Kiefernwäldchen integrierte und genauestens die lokalen Lichtverhältnisse berücksichtigte. Highlight der Pfarrkirche ist die komplett verglaste Südwand mit Marienmotiven. Ins Riesenfenster wurden stilisierte Kiefern integriert, um die Grenze zwischen Innen und Außen verschwimmen zu lassen. Zusammen mit dem wechselnden Lichteinfall und dem Schattenwurf der Bäume entsteht so eine große Lebendigkeit. Besonders zauberhaft ist die separate, komplett verglaste Taufkapelle. Zum Taufbecken geht man ein paar Stufen hinunter, wie in den Fluss Jordan. Auch der Kirchenraum selbst beeindruckt, denn er ist wie ein „Zelt Gottes" gestaltet. Die Decke wird von vier schlanken Stahlsäulen gehalten – und scheint zu

schweben. Über dem Altar thront eine spätgotische Mondsichelmadonna von 1460, die kürzlich in den Originalfarben restauriert wurde. Die Kirche ist außer zu den Gottesdiensten und während dreier Wochen im Winter leider meist geschlossen. Doch wenn man Glück hat und gerade eine Feierlichkeit beendet ist, kann man kurz hereinschauen. Direkt neben der Kirche steht das senfgelbe **Pfarrhaus**, das zur Jahrhundertwende für Oberstleutnant a.D. **Ernst Fieth** als Wohnhaus gebaut wurde. Der Offizier der Kolonialschutztruppe war ein Liebhaber des alten Ägypten – und ließ ägyptische Motive in den Bau einfließen. Die Palmwedel unter den Fenstern erinnern noch heute daran. In den 1930er Jahren wurde im Hochparterre eine Notkirche für die Dienstboten eingerichtet. Die Herrschaft fuhr früher nach Bayenthal zur Kirche, für das Personal war dieser Weg aber zu Fuß zu weit. Außerdem sollte das Essen nach dem Kirchgang schon auf dem Tisch stehen. Nun

Lauert seit 100 Jahren auf Beute: der schwarze Panther im Südpark

laufen wir geradeaus in den kleinen **Südpark** hinein, der von 1898 bis 1901 angelegt wurde. Ehedem wohnten viele Direktoren und Fabrikanten in den altehrwürdigen Villen, heute sind es auch Wirtschaftskapitäne oder TV-Promis. Ein Bewohner ist seit fast 100 Jahren durchgehend da: der schwarze **Panther**. Nach wenigen Schritten sehen wir ihn rechts hinten auf der Wiese aus den Büschen schleichen. In leicht geduckter, lauernder Haltung, so als würde er gleich eine Gazelle reißen. Die Bronzeskulptur wurde um 1920 von **Fritz Behn** geschaffen. Das verhaltene spannungsvolle Muskelspiel ist formvollendet dargestellt – nur leider wurde der Bildhauer nicht nur bekannt durch seine ausdrucksstarken Tierplastiken, sondern auch durch Büsten von Hitler und Mussolini.

Wir umrunden den Südpark, gehen dann links, parallel zur Straße „Am Südpark" weiter. Nun kommen wir am **Spielplatz** vorbei – genau hier stand ab der Jahrhundertwende ein schickes Restaurant mit Türmchen und Biergarten. Während Marienburg den Zweiten Weltkrieg verhältnismäßig wenig beschadet überlebt hat, fiel das Südpark-Restaurant den Bomben zum Opfer, seine Ruine wurde 1951 abgebrochen. Wir folgen dem Weg bis zum östlichen Ausgang und sehen dann linker Hand hinter den alten Straßenbahnschienen die Endstation der Buslinie 106. Hier in einem alten Büdchen befindet sich der **„emma-kiosque"**. In diesem speziellen Ambiente können wir nach dem rund einstündigen Rundgang die Sehnsucht nach Kaffee und Kuchen stillen.

Der Bismarckturm

Seit 1903 schaut der eiserne Kanzler an der nördlichen Grenze von Marienburg grimmig über den Rhein. Auf der 27 Meter hohen Basaltsäule befand sich früher eine Feuerschale. Darin wurde alljährlich zu Ehren Bismarcks Geburtstags eine Flamme entzündet. Direkt neben dem martialischen Klotz residierte der Schokoladenkönig Heinrich Stollwerck – in seiner „Bismarckburg", die wie eine mittelalterliche Befestigung wirkte. Erbaut wurde sie 1902 bis 1904 von Bruno Schmitz, der auch die deutsch-völkischen Nationalfantasien Kyffhäuser-Denkmal, Porta Westfalica und das Leipziger Völkerschlachtdenkmal in Stein meißelte. 1917 kaufte der jüdische Industrielle Ottmar E. Strauss das Anwesen. Es wird erzählt, dass er einmal ein Flugzeug charterte, nur um Rosen über seine Gäste vom Himmel regnen zu lassen. Im Dritten Reich in den Ruin getrieben, riss er die Villa 1935 demonstrativ ab, bevor er ins Exil ging.

Dann geht's rechter Hand in die **Leyboldstraße**. An der zweiten Kreuzung werfen wir einen Blick nach rechts auf die Nummer 7. Es ist das **Haus Neuerburg**. Mit ihm errichtete sich Zigarettenkönig Heinrich Neuerburg 1924/25 seinen rheinischen Herrensitz. Noblesse oblige – das galt damals auch für den neuen kölschen Bürgeradel. Zur Straße hin wirkt das Haus wie eine Burg, zum Garten wie ein Schloss. Zuletzt beherbergte es die polnische Botschaft. Wir biegen nach links ab in die **Lindenallee**. Bei Nummer 3 stand einmal die ehemals weltbekannte **Feinhals-Villa** von 1909. Sie basiert auf den Entwürfen von Joseph

Haus Neuerburg, einst Residenz eines Zigarettenkönigs

Maria Olbrich, der als Stararchitekt und Designer der frühen Moderne gilt. Josef Feinhals war einer der ersten deutschen Tabakhändler, der Havanna-Zigarren auf den Markt brachte. Er war mit Hermann Hesse befreundet, der ihn mehrmals in seinen Büchern als „Collofino" auftreten lässt. 1914 übernachtete der Schriftsteller in dieser Villa. Das prachtvolle Gebäude mit den dorischen Kolonnaden wurde im Krieg zerstört. Heute steht dort eine Wohnanlage aus den 1980er Jahren. Am Kreisel biegen wir in die Straße **„Unter den Ulmen"** ein und dann in die **Kastanienallee**, die zurück zur Parkstraße führt. Am Ende der Tour sind wir an zahlreichen namenlosen Klingelschildern und auch versteckten Überwachungskameras vorbeigekommen – und irgendwie wirkt das Viertel doch wie eine Burg. Schließlich heißt es auch: Man wohnt nicht in Marienburg, sondern „in der Marienburg".

Das Palais Oppenheim

Früher reihten sich am Rheinufer die Bürgerschlösser wie Perlen an einer Schnur aneinander. Allen voran das „Palais Oppenheim", Gustav-Heinemann-Ufer 144, das noch heute mit seiner Prunkfassade die Blicke auf sich zieht. Der Prachtbau, der an ein französisches Lustschloss erinnert, wurde 1908 für den Bankier Emil Freiherr von Oppenheim errichtet. Es ist bis heute das aufwendigste Eigenheim, das jemals in Köln gebaut wurde. Im Dritten Reich diente es als Kölner Zentrale der NSDAP, von 1956 bis 1982 war es Clubhaus des ADAC. 2013 startete die Umwandlung in acht Luxuswohnungen.

SERVICE

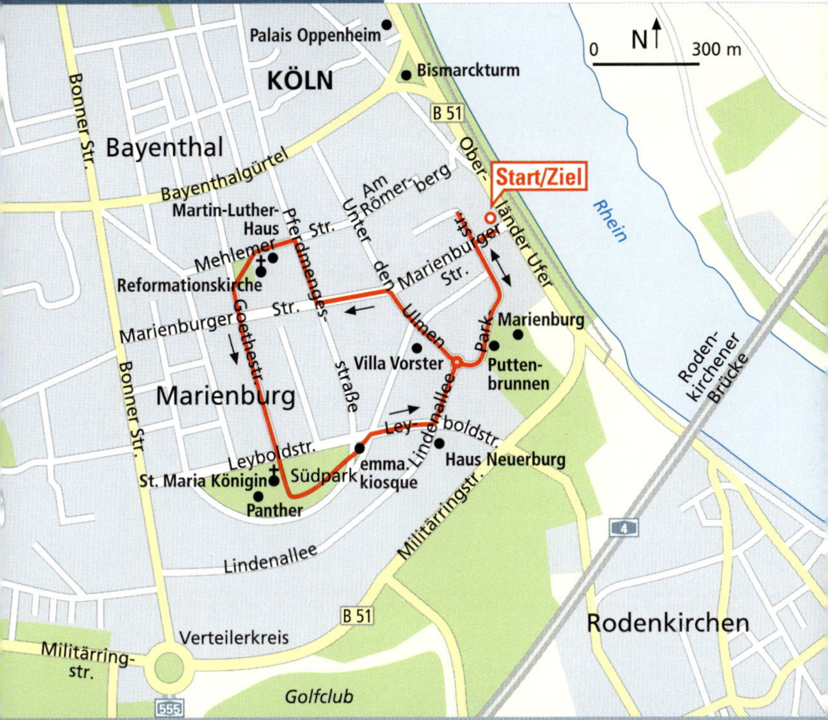

WO: Start der Tour an der Parkstraße, 50968 Köln

HINKOMMEN: Stadtbahnlinie 16, Haltestelle Heinrich-Lübke-Ufer

PARKEN: am Anfang der Marienburger Straße

ANSCHAUEN: Pfarrkirche St. Maria Königin, Goethestraße 84, 50968 Köln, Tel. 0221-38 22 20. Geöffnet zu Messen sowie vom 25.12.–20.1. (außer 31.12) von 10–18 Uhr. Tipp: Das Licht ist besonders schön, wenn die Sonne morgens zum Altar hereinscheint. Gruppenführung über Pfarrbüro St. Matthias Tel. 0221-38 45 24

LECKER: „emma-kiosque", Am Südpark 0, 50968 Köln, Tel. 0221-34 21 11. Geöffnet: Mo–Fr 7–19 Uhr, Sa/So 8.30–15.30 Uhr; Tullio, Marienburger Straße 2, 50968 Köln-Marienburg, Tel. 0221-34 13 98. Geöffnet: Mo–Fr 12–14.30 Uhr und 18.30–23 Uhr, Sa 18.30–22.45 Uhr, So ab 12 Uhr durchgehend

Pallenbergheim und *Nordfriedhof*

Leben und Sterben in Nippes

In Weidenpesch gibt es eine kaum bekannte, putzige Arbeitersiedlung: Jakob Pallenbergs Arbeiterheim. Gleich nebenan residiert der große Friedhof des Nordens, der eine ganz besondere Aura hat. Dieser Spaziergang bietet Impressionen vom Schöner Wohnen vor 100 Jahren und führt an dem Grab eines „königlichen Lokomotivführers" vorbei zu der zauberhaften, aber sehr versteckten Ruhestätte eines vergessenen Künstlers.

Ausgehend vom Parkplatz des Nordfriedhofs spazieren wir ein paar Meter zurück bis zur Straße **„Pallenbergheim"**. Dort markiert ein geschwungener Torbogen mit der Aufschrift **„Jakob Pallenbergs Arbeiterheim"** den Eingang in eine eigene Welt. Um eine Mini-Parkanlage reiht sich eine Handvoll Häuschen aneinander, die aus alten deutschen Märchen entsprungen sein könnten. Jedes hat grüne Fensterläden und Zierbänder unterhalb der Dachkante, dennoch sind alle grundverschieden. Das eine besitzt eine romantische Fachwerkfassade, die aus dem Siebengebirge stammen könnte, das andere einen Giebel, der an die hanseatischen Kaufmannshäuser der Ostseeküste erinnert, und an der Ecke reckt sich ein schiefergedecktes Türmchen wie im Bergischen Land in die Höhe. Man fühlt sich fast wie in die Miniaturlandschaft einer Spielzeugeisenbahn versetzt. Und das ist auch kein Wunder, denn zur Erbauungszeit war der Heimatstil populär. Diese Stilrichtung, die um die Jahrhundertwende entstand, romantisierte das Landleben und würfelte dabei die regionalen Eigenarten kunterbunt zusammen.

Die putzige Arbeitersiedlung ist dem Fabrikanten **Jakob Pallenberg** (1831–1900) zu verdanken. Seine gleichnamige Möbelmanufaktur saß am heutigen Konrad-

Heimelig: das Pallenbergheim

Jakob Pallenberg vermachte die Siedlung seinen verdienten Arbeitern.

Adenauer-Ufer, fertigte edles Mobiliar sowie hochwertige Innenausstattungen an und hatte über 150 Beschäftigte. Als der rührige Unternehmer unerwartet auf einer Reise in Kairo verstarb, verfügte er mit einer Stiftung den Bau dieser Siedlung, um seinen besonders tüchtigen, aber bedürftigen oder alten Mitarbeitern als letzten Gruß ein gutes Dach über dem Kopf zu bieten.

1905 machten sich die Architekten **Hans Verbeek** und **Hans Schilling** ans Werk und entwarfen mit verschiedenen Formen und Geschosshöhen genau das Gegenteil von Einerlei. So entstanden 20 Häuser und 35 Wohnungen mit einer für damalige Verhältnisse gediegenen Größe von 65 bis 90 Quadratmetern. Zur Selbstversorgung gab es Gärten sowie Ställe für Kleinvieh. Direkt an der Torhausanlage wurden zudem zwei Gebäude für alleinstehende Bewohner errichtet. Auf der einen Seite wohnten die Frauen, auf der anderen die Männer. Mit der Mischung aus Ledigen, Älteren und Familien wollte man ganz bewusst „der Vereinzelung des Individuums vorbeu-

Geschichte der Arbeitersiedlungen

Vom 19. bis in die erste Hälfte des 20. Jahrhunderts entstanden in zahlreichen Industriestädten Europas Arbeitersiedlungen, denn durch die Industrialisierung platzten die Städte aus allen Nähten. Die meist eingewanderten Arbeiter hausten mehr schlecht als recht in muffigen, überfüllten und krankmachenden Bruchbuden. Also schufen die Werksbesitzer in der Nähe ihrer Zechen und Firmen guten, billigen und gesunden Wohnraum. Diese Siedlungen wurden zu einem städtebaulichen Merkmal dieser Zeit. Um 1900 lebte rund jeder fünfte Arbeiter in einer Siedlungswohnung.

Der alte eiserne Haupteingang führt zu den Gräbern.

gen". Auch die Architektur förderte das Gemeinschaftsleben, so stand im Wendehammer ein Versammlungshaus mit Leseraum und Badeanstalt, das im Krieg zerstört wurde. Die kleine Siedlung wurde ein Musterbeispiel für den frühen sozialen Wohnungsbau. Ursprünglich sollte sie sogar größer werden, was aber die Inflation verhinderte. Die Stadt Köln verwaltet die denkmalgeschützten Gebäude und vermietet sie ganz im Sinne der Pallenberg'schen Stiftung als Sozialwohnungen. Die Bewohner danken es. Die Häuser sind mit Blumentöpfen und Bänken liebevoll dekoriert, und Besucher können bei einem Spaziergang vom Landleben mitten in der Stadt träumen. Der Rundgang ist vor allem im Winter ein Augenschmaus. Dann leuchten überall die Lichterketten – und wenn Schnee liegt, wird es richtig anheimelnd. Wir verlassen das Dorf in der Stadt und gehen linker Hand zurück über den Parkplatz. Hier befand sich früher die Wiese auf der die Pallenbergsheim-Bewohner ihre Wäsche bleichten. Dann geht es durch das Tor auf den **Friedhof des Nordens**, der mit rund 44.000 Gräbern zu den meistgenutzten Begräbnisstätten Kölns gehört. Er wurde am 18. Mai 1896 als Entlastungsfriedhof für Melaten eröffnet. Denn durch die Industrialisierung hatte sich die Bevölkerung von Nippes innerhalb von 50 Jahren verzehnfacht. Bereits 1867 war der alte Kirchhof an der Mauenheimer Straße belegt – übrigens aufgrund der damals noch sehr hohen Kindersterblichkeit nur zu einem Drittel mit Erwachsenengräbern. Danach wurde der Nippeser Friedhof an der Geldernstraße angelegt, wo die Liegezeit 1895 aus Platzgründen auch schon auf zehn Jahre gesunken war.

Melancholische Trauernde an einem Grabmal

Wir spazieren zunächst ein kurzes Stück durch den neueren Teil des Friedhofs, der ab 1920 hinzukam. Dazu halten wir uns direkt nach dem Tor rechts, biegen dann links auf den Hauptweg ein und gehen geradeaus weiter. Nach wenigen Minuten überqueren wir die **Schmiedegasse** und tauchen in den alten Teil des Friedhofs ein. Es geht weiter geradeaus. Nach einigen Metern kommen wir an der Ruhestätte der Familie Beckers vorbei. Die Bronze-Skulptur zeigt eine Frau, die sich ans Grab lehnt. Es ist eine typische Trauernde. Diese Grabfiguren wurden im 19. Jahrhundert beliebt. Damals verloren die Engel ihre Flügel, zurück blieb die traurige, junge Frau. Wie Tränen laufen die Spuren der Oxidation über die Wange der Statue, was ihre melancholische Ausstrahlung verstärkt. An den hohen Lebensbäumen und dem Gedenkstein der St. Stephanus Schützenbruderschaft teilt sich der Weg. Wir halten uns links und kommen nach wenigen Metern am Gedenkstein der Nippeser Bürgerwehr vorbei. Exakt hier biegen wir an der Kreuzung links auf den kleineren Weg ab und dann am Ende rechts. Nach circa 50 Metern sehen wir die anmutige Figur, die auf dem Grab der Familie Jak. Schneider (Flur 8 18m-24) kniet. Es ist eine ganz fein modellierte Statue aus weißem Marmor, die seit 100 Jahren ein Gefäß im Schoß hält – und deren Schönheit uns gefangen nimmt. Unmittelbar danach biegen wir wieder rechts ab. Nun kommen wir an einigen Grabmälern aus der Jahrhundertwende vorbei, die zu den ältesten des Friedhofs gehören (Flur 6 30a-48d). Dazu zählt die letzte Ruhestätte für den kleinen Willy, der 1900 im Alter von nur acht Jahren starb.

Auf dem Nordfriedhof kann man wahre Kunstwerke entdecken.

Dann sehen wir auch schon rechter Hand das erste große rechteckige Wandgrab aufragen: der Beginn der **„Nippeser Millionenallee“** (Flur B 3a-12). Hier reihen sich beeindruckende Grabmäler aus den 1920er Jahren aneinander. Los geht es mit dem Andenken an Franz Rolshoven, der 1915 geboren wurde. Der Kinderarzt infizierte sich bei der Ausübung seines Berufes mit Kinderlähmung und starb mit 27 Jahren. Das Relief aus Kalkstein zeigt ihn im Arztkittel, wie er ein Kind versorgt. Im Hintergrund ist die Kirche St. Bonifatius in Nippes zu sehen. Dann kommen wir zum wohl berühmtesten Grab des Friedhofs: dem von **Robert Gerling**. 1904 gründete er mit 25 Jahren den gleichnamigen Versicherungskonzern (s. S. 46). Der helle Kalkstein zeigt drei Reliefs mit den Inschriften „Sein Kampf“, „Volksverbundenes Wirken“ und „Das Schicksal“. Den Anfang macht die Darstellung eines jungen Mannes, der mit einem Schwert in der Hand loszieht. Das Mittlere zeigt den Mann im Kreise der Familie. Das dritte Motiv sind die drei Schicksalsgöttinnen. Das monumental wirkende Ensemble von 1935 ist eines der wenigen erhaltenen Gräber aus der NS-Zeit.

In direkter Nachbarschaft trauert eine ästhetische weiße Marmorschönheit von circa 1930 um Jean und Mechthild Harzheim. Sie schaut versonnen auf ein Gefäß und ein Buch. Ursprünglich ruhte ihre Hand auf einem kunstvollen, detailgetreu gestalteten Totenschädel, den Mechthild Harzheim aber nach dem Tod ihres Mannes umarbeiten ließ. Es ist das Familiengrab des Nippeser Fuhr- und Abbruchunternehmers, der 1926 zunächst mit einer Kiesgrube begann. Nach dem Krieg führte die Firma Enttrümmerungsarbeiten in Köln durch und war am Wiederaufbau der Stadt beteiligt.

Dieses Grab erinnert an einen Kinderarzt, der für seinen Beruf starb.

Hinter dem Grab der Familie Gülich geht es nach links, am Hochkreuz vorbei. Wir lassen die finstere Thuja-Allee links liegen und tauchen gleich danach wieder links in den zweiten Teil der Millionenallee ein. Am Grab der Familie Heikaus ragt ein säulenartiger Engel wie eine Flamme zwischen dunklen Zweigen empor. Auf der gegenüberliegenden Seite fallen die kleinen Putten der Ruhestätte von Friedrich Leffertz von 1920 ins Auge. Dann kommen wir zu der efeubekränzten Grabstätte von Franz Doerenkamp und Familie, die zu beiden Seiten des Wegs Grabmäler besitzen. Wunderschön ist auch der Engel der Familie Heinrich Ostmann von 1921, in dessen Schoß Rosen liegen. Auch die Seiten tragen steinerne Rosenbouquets – diese Blume steht in der Grabsymbolik für die immerwährende Liebe.

Hier verlassen wir die Millionenallee, folgen für ein paar Schritte geradeaus dem Rondell und orientieren uns dann rechter Hand am Verlauf der Allee Richtung Ausgang. Nach wenigen Minuten sehen wir einen bronzenen Pilger und dahinter den neugotischen **Haupteingang**. An diesem großzügigen Entree erkennt man gut, dass der Gottesacker des Stadtbezirks Nippes nach dem Vorbild des Ohlsdorfer Friedhofs in Hamburg angelegt wurde. Auch er ist mehr Park als Gräberfeld. Das schmiedeeiserne Tor hat übrigens eine echte Odyssee hinter sich. Nachdem es in den 1960er Jahren von einem Transporter gerammt worden

Die ästhetische Marmorschönheit schmückt ein Grab aus den 1930er Jahren.

war, wurde es als Schrott verscherbelt, blieb aber in der Eifel erhalten und konnte zurückgekauft werden.

Am Tor gehen wir nach rechts und sehen die **Trauerhalle** von 1910, die heute von der ukrainisch-orthodoxen Kirchengemeinde genutzt wird. Vor der Trauerhalle nehmen wir den vorderen Weg nach rechts und kommen nach wenigen Schritten am Grab der Familie Kurth vorbei, das wie der Dom gestaltet ist. Nun halten wir uns immer geradeaus. Eichhörnchen huschen über den Weg, gelegentlich erspäht man auch eine Katze, manchmal sogar einen Fuchs.

Nach einer Weile passieren wir den schwarzen Engel am Grab von Sanitätsrat Tenhoff und sehen vor uns ein Tor aus Hainbuchen. Direkt davor gehen wir rechts (Fl. 11 1a-39c) und gelangen nach einigen Schritten zum Grab von Adam Linden, der sich noch im Tod stolz „königlicher Lokomotivführer" nennt. An der nächsten Kreuzung halten wir uns links und biegen gleich noch einmal links ab.

Gleich zu Beginn dieses Wegs erscheint linker Hand die letzte Ruhestätte der Familie Berg-Hillecke (Flur 11, 39e-78a). Die schmerzhafte Pieta und die Inschrift „Zum Gedächtnis an unseren im Weltkrieg vermissten lieben einzigen Sohn und Bruder" passen zur Umgebung. Wir befinden uns inmitten eines großen Gräberfeldes von Kriegstoten. Wir laufen geradeaus und stehen dann genau vor dem hohen **Gedenkkreuz**.

Dieser Engel hat Rosen im Schoß – Symbol für die immerwährende Liebe

Insgesamt ruhen hier 937 Gefallene des Ersten Weltkriegs. Wir wenden uns nach rechts und biegen gleich nach dem nächsten Hainbuchentor wieder rechts ab. Dort treffen wir auf das ornamentvolle Grab eines „königlichen Polizeibeamten" mit dem schönen, altmodischen Namen: Hyazinth Storkenmaier (Flur 14 95a-135).

Nun heißt es aufgepasst: Jetzt suchen wir ein zauberhaftes Künstlergrab, das sehr versteckt liegt. Dazu gehen wir weiter, verlassen aber den Asphaltweg nach circa 20 Schritten und wenden uns wenige Meter vor der T-Kreuzung nach links (Fl. 14 74-94b). Kurz vor dem nächsten Teerweg gehen wir querbeet nach links (bei der Grabstätte Familie Klimke), laufen schräg rechts und stehen nach zehn Schritten vor dem Grab von **Franz W. Seiwert**. Die liegende Plastik, die von grünem Moos überzogen ist, hat der Kölner Maler und Bildhauer 1929 als Grabstein für seine Eltern selbst entworfen. Es ist eine puristische Adaption der Skulptur „Der Kuss" von Constantin Brâncuşi. Nur vier Jahre später, am 3. Juli 1933, starb Seiwert an den Folgen einer unheilbaren Röntgenverbrennung. Diese hatte er sich bereits im Alter von sieben Jahren zugezogen, als man mit der damals sehr neuen Methode harmlosen Schorf an seinem Kopf behandeln wollte. Statt Heilung erhielt er eine Kopfwunde, die sich nie mehr schließen sollte. Deswegen musste er seit frühester Jugend eine Perücke tragen. Heute ist dieser Künstler fast vergessen. Der glühende Marxist war der führende Kopf der Künstlergruppe „Kölner Progressive“ und wirklich subversiv. Kurz vor der Eröffnung der Dada-Ausstellung 1919 in Köln zog er seine Arbeiten wieder zurück. „Unsere Bilder stehen im Dienste der Ausgebeuteten, zu denen wir gehören und mit denen wir uns solidarisch fühlen, deshalb lehnen wir die zur Ergötzung des Bürgers vollführte, angeblich antibürgerliche, dadaistische Harlekinade ab“, schrieb er. Er war eng mit dem späteren Erfolgsautor B. Traven befreundet, der viele seiner Werke rettete. 1933 konnte sich Seiwert vor den Nazis noch im Siebengebirge verstecken. Aber sein Leiden verschlimmerte sich und er starb im israelitischen Krankenhaus in Köln. Seitdem liegt er neben seiner Mutter Margarethe in dieser stillen Ecke begraben.

Anschließend spazieren wir wieder zurück zur Familie Klimke, wenden uns nach links und biegen auf dem Teerweg rechts ab. Nun geht es 60 Meter geradeaus, dann laufen wir nach rechts (Fl. 21 35d-76) und kommen an der Ruhestätte von Johann Olbertz vorbei, an der eine zeitlos schöne, nachdenkliche Trauernde lehnt. Nun biegen wir in den nächsten Weg links ein. Im zweiten Grab rechts ruht Toni Reiff (FL 20 40a-51), das uns an die Schrecken des Ersten Weltkriegs erinnert. Denn der Leutnant und Inhaber des Eisernen Kreuzes fiel am 16. April 1916 „auf Beobachtung i. Fort Douaumont bei Verdun“ – wie Hunderttausende andere. „Sie gaben ihr Leben ab, wie einen Mantel an der Garderobe“, beschrieb damals ein Journalist das nachrückende Kanonenfutter. Fort Douaumont war die größte und stärkste Bastion des äußeren Festungsrings – und wurde auch Sargdeckel genannt. Noch heute liegen dort 679 gefallene Soldaten in einem Stollen, dessen Eingang zugemauert ist. Längst nicht jeder Soldat bekam ein Grab in der Heimat.

Wir biegen an der nächsten Kreuzung links ab, kommen bei Fräulein Jenny Klein vorbei und gehen geradeaus bis zur sechsarmigen Kreuzung. Nun machen wir noch einen Abstecher zu einem kölschen Original. Dafür laufen wir links an der **Friedhofsmauer** entlang und biegen dann rechts

Genial und doch vergessen: Hier ruht der Künstler Franz W. Seiwert.

Ideal zum Spazierengehen: Der Nordfriedhof ist auch ein grüner Park.

in den Sandweg (Fl. 27 U/WA 169-178) ab. In einem lauschigen Winkel ruht **Trude Herr** (1927–1991) im Kreise ihrer Familie in einem bescheidenen Grab an der Ecke der Friedhofsmauer. Die Ulknudel begann ihre Karriere 1948 am Millowitsch-Theater. Mit dem Ohrwurm „Ich will keine Schokolade, ich will lieber einen Mann" gelang ihr 1960 der Durchbruch. Unsterblich wurde sie mit einem ihrer letzten Schlager: „Niemals geht man so ganz" (1987) mit Wolfgang Niedecken und Tommy Engel. Halb Köln soll sie auf dem letzten Weg zum Nordfriedhof begleitet haben. 2011 drohte ihr Grab eingeebnet zu werden. Dank einer anonymen Spende kann es aber 25 weitere Jahre erhalten werden. Wir gehen auf gleichem Weg zurück bis zur sechsarmigen Kreuzung. Hier folgen wir dem linken Hauptweg an der Friedhofsmauer, spazieren bis zum Ausgang und verlassen das Grenzland zwischen Leben und Tod. Denn noch riechen wir hoffentlich nicht nach der Schippe, wie man im Rheinland so herzerfrischend sagt.

Die ganz alten Toten von Nippes kehrten früher übrigens immer mal wieder zurück. Über Jahrzehnte fanden Kinder in den aufgegebenen Kirchhöfen Knochen und trugen sie durch die Straßen. In den 1920er Jahren sollen sich Lausbuben damit einen besonderen Scherz erlaubt haben: Sie legten Totenschädel auf die alte Friedhofsmauer an der Mauenheimer Straße und beleuchteten sie von innen mit Kerzen.

SERVICE

WO: Start der Tour am Friedhofsparkplatz Pallenbergstraße, 50737 Köln
GEÖFFNET: Nordfriedhof
März 8–18 Uhr, Apr.–Sept. 7–20 Uhr, Okt. 7–19 Uhr, Nov.–Febr. 8–17 Uhr

Vornehm auch im Tod

HINKOMMEN: Straßenbahnlinien 12 und 15, Haltestelle: Mollwitzstraße
PARKEN: Friedhofsparkplatz Pallenbergstraße
MEHR ERFAHREN: Führungen zu Jakob Pallenbergs Arbeiterheim bietet Andre Dumont nach Absprache an, Tel. 0221-2 40 95 98, dumont.andre@gmx.de
LECKER: Eiscafé La Michel, Friedrich-Karl-Straße 22, 50739 Köln, Tel. 0221-74 77 75.
Geöffnet: Mi–Mo 8–20 Uhr
TIPP: Der Nordfriedhof ist ideal, um eine Runde mit dem Kinderwagen zu drehen.

Auf den Spuren des weißen Wals *Moby Dick*

Da bläst er!

Da bläst er! So wurde in Walfänger-Tagen die Sichtung vom Ausguck gemeldet. In Köln gab es das natürlich nie. Trotzdem haben die Giganten Spuren hinterlassen. Und einige waren auch mal da: zuletzt Moby Dick 1966. Wir erzählen die Geschichte des geheimnisvollen Botschafters aus der Arktis und nehmen Sie mit auf eine maritime Drei-Brücken-Tour.

Seit Urzeiten spinnt sich Seemannsgarn um die Meeresriesen, vor allem die Belugas. Immer schon glaubten die Menschen, dass weiße Tiere etwas Besonderes sind. Kein Wunder, dass die Besatzung des Tankschiffes Melani Bauklötze staunte, als am 18. Mai 1966 ein weißer Buckel im Duisburger Industriehafen auftauchte. Die herbeigerufene Wasserschutzpolizei unterzog die Matrosen sofort einem Alkoholtest. Denn der Rhein war vor 50 Jahren alles andere als rein. Die Chemiefabriken im Ruhrgebiet entsorgten die Abwässer ungefiltert im Fluss vor der Haustür, der giftige Preis des Wirtschaftswunders. Der deutsche Schicksalsstrom stank zum Himmel, selbst das Vieh wollte nicht mehr aus ihm trinken. Wie kam ein Wal in diese Kloake?
Moby Dick, wie er getauft wurde, war einige Wochen zuvor vor Kanada für einen Zoo gefangen worden. In einer Wasserkiste schipperte er auf dem Deck eines Frachters gen England. Kurz vor der Küste zog ein Orkan auf, ein Brecher spülte den Riesen über Bord. Der Schiffbrüchige nahm Kurs in den Rhein und erlebte das Abenteuer seines Lebens. In Duisburg begegnete er noch am selben Tag seinem Käpt'n Ahab: **Wolfgang Gewalt**, neuer Chef des Duisburger Zoos, wollte ihn für sein Delfinarium. Doch die Unterwasser-Safari blieb erfolglos. Der Zoodirektor knotete Tennisnetze aneinander und versuchte mit Zaunpfählen, einer indianischen Fangmethode, den Wal einzukreisen. Er schoss sogar mit einer Narkose-Pistole auf ihn. Moby versank sofort und blieb stundenlang verschwunden. Heute weiß man, dass Wale nicht mehr atmen können, wenn sie betäubt werden. Doch der fünf Meter-Koloss überlebte, drehte jedoch um und nahm Kurs aufs Ijsselmeer. Holland gab ihm freies Geleit und öffnete die Schleuse. Doch wenige Meter vor dem Meer kehrte Moby um und schwamm munter zurück ins Landesinnere.

‹ *Station der Spurensuche: „Brauhaus Sünner im Walfisch“*

Wieder in Duisburg versuchte Gewalt jetzt mithilfe des nordrhein-westfälischen Meisters im Bogenschießen, eine Boje an ihm zu befestigen. Doch wie sein Romanvorbild entwischte auch Moby immer wieder. Nun kippte die Stimmung endgültig zugunsten des Wundertieres. Wo er entlangkam, strömten Tierfreunde zum Ufer, Hausfrauen fütterten ihn von Brücken mit Rollmöpsen. Moby war stark abgemagert, denn Fische zum Fressen fand er in dem toten Fluss nicht. Seine schneeweiße Haut war von dunklen Flecken gezeichnet. Die Natur selbst schien diesen apokalyptischen Boten geschickt zu haben.

Am 11. Juni 1966 passierte der weiße Wal die Altstadt.

Am 11. Juni erreichte er Köln. Wenige Tage zuvor hatte der Kölner Stadt-Anzeiger den Direktor des Kölner Zoos, Wilhelm Windecker, gefragt, was er täte, wenn der Wal unter der Hohenzollernbrücke auftauchen würde. Windecker antwortete: „Ich würde gar nichts tun. Ich würde den Wal ruhig schwimmen lassen." Doch dann geschah das Unerwartete: Gegen 11.30 Uhr wurde Moby bei **Merkenich** gesichtet, um 15 Uhr meldete ihn die Wasserschutzpolizei in **Niehl**. Am Niehler Damm sahen die Zuschauer zuerst zwei Quadratmeter Walhaut, dann reckte Moby seinen Kopf aus dem Wasser. Bald tauchte er alle vier Minuten auf und blies eine Fontäne in die Luft. Begleitet wurde er vom Ausflugsboot Stromer, das der Stadt-Anzeiger gechartert hatte. Zutraulich ließ Moby das Schiff an sich ran, schmiegte sich zeitweilig an den

Rumpf. Ob er einsam war und das weiße Boot für einen Spielgefährten hielt, rätselten die Reporter. Schließlich leben weiße Wale in großen Gemeinschaften und Moby war 4000 Seemeilen von seiner Familie entfernt. „Gegen 16.15 Uhr steuerte er die **Mülheimer Brücke** an, nachdem er vorher im Strombogen – genau wie es erfahrene Schiffer tun – zum rechtsrheinischen Ufer hinübergewechselt war", schrieb das Blatt in seiner Wochenendausgabe. „Um 17.18 Uhr tauchte er hinter der **Zoobrücke** schnaufend auf. Er schwamm zügig den Domtürmen entgegen, drehte seine 35 Zentner Lebendgewicht in graziösen Win-

Der Pegel Köln maß schon beim Walbesuch den Wasserstand.

dungen durchs Wasser, prustete von Zeit zu Zeit so laut, dass wir es an Bord hören konnten, und tauchte blitzschnell weg, wenn ihm ein Schiff zu nahe kam", so der Bericht. Punkt 18 Uhr kam er an der **Hohenzollernbrücke** und am Dom vorbei.

Hier, wie entlang der Rheinpromenaden, pilgerten Tausende zur „Walfahrt". Denn jener 11. Juni war auch ein Samstag mit Kaiserwetter. Fotografen stiegen bis zum Bauch in die trübe Brühe. Eisverkäufer waren da, es herrschte Volksfeststimmung – „Karnewal" im Frühling. Ein Jahr später gab's dazu den Karnevalshit. „Was will der weiße Wal im Rhein? Er hat gehört, im Rhein soll Wein statt Wasser sein. Was will der weiße Wal? Das wissen wir genau: Der weiße Wal wär' gern einmal so richtig blau", schunkelte das Medium-Terzett.

Altes Walheiligtum: die „Zint Märjensrepp" in St. Maria im Kapitol

Wer sich in Köln auf seine Spuren begibt, schaut von der Hohenzollernbrücke zunächst auf die Zoobrücke. Dann geht's am Rhein entlang über den Fischmarkt zum **„Brauhaus Sünner im Walfisch"**, wo ein Wal die Gasthauslampe hält. Es gibt nur wenige Gasthäuser im Landesinneren mit diesem maritimen Namen, der zudem falsch ist. Dass Wale keine Fische sind, wusste man früher aber nicht. Die Landbevölkerung bekam die „Monster" nur als Reste von gestrandeten Walen zu Gesicht, die „erschröcklich und wunderlich" anzusehen waren. Sie wurden bei Wal-Wanderausstellungen herumgekarrt, was eine geruchsintensive Sache war. Auch in Köln wurde 1578 ein toter Wal ausgestellt, der am „Kopf und Stertzstück gestoncken" hat. Rund 100 Jahre später verirrte sich ein lebendes „Monstrum horrendum" im Rhein. Ein altes Flugblatt berichtet, dass 1688 ein „wunderliches Wasserthier" mit „grossem Gebrüll und Brausen … geschwind als ein Pferd" bis Basel den Fluss hinaufgeschwommen sei. 1689 wurde die „Meerkuh", wahrscheinlich ein Schwertwal, unterhalb von Köln durch drei Schüsse getötet. Übrigens: Auch Herman Melville, literarischer Vater von „Moby Dick", besuchte Köln 1849.

Wir gehen entlang des Stroms linksrheinisch nach Süden. Mit etwas Glück sehen wir die blaue **MS Moby Dick** vorbeischippern, die seit 1976 an das Ereignis erinnert. Der Rheingasse folgend besuchen wir **St. Maria im Kapitol**: Über dem Beichtstuhl hängen die Knochen eines Grönlandwals, „St. Marienrippe" genannt. Sie sollen 10.000 Jahre alt sein. Das Tier verirrte sich vermutlich während der Eiszeit im Rhein und strandete. Walknochen werden als Reliquien verehrt, da die biblische Geschichte von Jonas und dem Wal hohe Symbolkraft hat. Dann geht's zurück zum Rhein und wir steigen die Besucherplattform des **Schokoladenmuseums** hinauf. Auf der obersten Etage fühlt man sich fast wie am Bug eines Kreuzfahrtliners. Nun geht's am Olympiamu-

seum vorbei auf die **Severinsbrücke**. Rechtsrheinisch laufen wir über den **Rheinboulevard** zur Hohenzollernbrücke.
Immer wieder schauen wir auf das graue Wasser, das erstaunlich schnell fließt. Gegen diese Strömung kämpfte sich der Wal am 11. Juni weiter stromaufwärts mit einem Tempo von etwa drei Stundenkilometern. Nachts suchte er ruhige Stellen am Ufer auf. Zwei Tage später sprengte er in Bonn eine internationale Pressekonferenz. Damals befand sich der Bundestag direkt am Rheinufer – und die Weltpresse stürzte hinaus zum Whale-Watching. Als ob Moby damit seine Mission erfüllt hatte, drehte er nach zweitägigem Aufenthalt in der Hauptstadt endgültig ab. Am 16. Juni um 18.42 Uhr wurde er zum letzten Mal bei Hoek van Holland gesichtet, bevor er wie eine Fata Morgana im offenen Meer verschwand – und sein Geheimnis mitnahm. Denn warum der tapfere Wal zweimal den Rhein stromaufwärts schwamm, ist bis heute ein Rätsel.
Für viele Menschen ist er der Geburtshelfer der Umweltpolitik. So langsam merkte man, dass der Fluss nicht alles schluckt. Allerdings sollte es noch Jahrzehnte dauern, bis es „Vater Rhein" wirklich besser ging.

SERVICE

WO: Start der Tour am Konrad-Adenauer-Ufer, 50668 Köln.
Von hier aus auf die Hohenzollernbrücke

HINKOMMEN: mit verschiedenen Stadtbahnlinien bis Hauptbahnhof, dann Ausgang Breslauer Platz und nach rechts zum Rhein

PARKEN: Parkmöglichkeiten am Startpunkt sind rar, deshalb empfiehlt sich eine Anreise mit dem ÖPNV.

LECKER: Brauhaus Sünner im Walfisch, Salzgasse 13, 50667 Köln, Tel. 0221-2 57 78 79, www.walfisch.de.
Geöffnet: Mo–Fr 17–1 Uhr, Sa–So 12–1 Uhr

Der heilige Nikolaus von Myra am Schokomuseum

Ob Hermann Melville hier schon getafelt hat?

Zum
Tagträumen

Die *Rosen* im
Agnesviertel

Auf dem Dachgarten der Blumenkönigin

Er liegt so versteckt, dass nur wenige Kölner ihn kennen: der Rosengarten. Seit rund 100 Jahren thront er auf dem efeubewachsenen Fort X im Agnesviertel, halb verborgen hinter hohen Bäumen. Eine zauberhafte Stadtoase, die wohl schon Heinrich Böll inspirierte – ideal zum Relaxen und um ein gutes Buch zu lesen.

Der Eingang führt durch das **„Enveloppen Thor"** (mit dem altmodischen Begriff „Enveloppe" wird im Festungsbau die zweite Umwallungslinie bezeichnet). Dahinter zieht sich eine schmale Rampe bergauf. Und schon der Aufgang hat etwas Verzaubertes, irgendwie italienisch. Ob das an den Oleander- und Lorbeerbüschen liegt oder an dem dichten Efeu, das von den steinernen Mauern herabhängt? Bereits nach wenigen Metern weht uns Rosenduft entgegen. Denn oben auf dem Dach des alten, massiven Forts kann man sich durch ein wahres Rosenmeer hindurchschnuppern. In dem idyllischen kleinen Park wachsen mehr als 2500 Rosen in 70 Sorten. Viele von ihnen tragen stolze Namen wie Ave Maria, Goldmarie und Bella Rosa,

Zugang zum Rosengarten

Die alte militärische Anlage ist heute ein romantischer Ort.

manche verströmen betörende Wohlgerüche, wie die Duftwolke. Und auch das Auge darf schwelgen: Unter den duftenden Schönheiten gibt es Sensibelchen mit hauchfeinen Blättern ebenso wie derbe Bauernrosen mit prall gefüllten Kelchen – und das in allen Rosenfarben, vom lichten Weiß bis zum samtenen Violett.

Doch was ist das eigentlich für ein merkwürdiger Ort für einen Rosengarten? Die Antwort führt rund 200 Jahre zurück, als Köln von den Preußen regiert wurde. Denn die waren fast 100 Jahre lang damit beschäftigt, die Domstadt in eine riesige Festung zu verwandeln, als Bollwerk gegen Frankreich. Unter ihrer Verwaltung wurden ab 1816 insgesamt 26 Forts und zahlreiche Stützpunkte errichtet, und zwar in einem doppelten Ring um die Stadt. Tausende Soldaten und Pferde waren darin zur „Wacht am Rhein" stationiert. Da zunächst die geraden Nummern vergeben wurden ist **Fort X** übrigens nicht das zehnte Bollwerk, wie man meinen könnte, sondern das fünfte. Es wurde 1825 eingeweiht und vom preußischen König „Prinz Wilhelm von Preußen" getauft. Der Name prangt noch heute gut leserlich auf der Mauer. Die neue Verteidigungslinie ersetzte so nach und nach die mittelalterliche Stadtmauer, die 1880 schlussendlich abgerissen wurde.

Als der Erste Weltkrieg verloren war, drohte allerdings auch das Ende von Fort X. Laut Versailler Vertrag sollten alle militärischen Bauten in Deutschland zerstört werden. Doch **Konrad Adenauer**, der damalige Oberbürgermeister von Köln, verhandelte mit den Alliierten und erreichte, dass die Festungen in Parks verwandelt werden durften. So entstanden die „grünen Forts" von Köln. Der Innere und der Äußere Grüngürtel ziehen den Radius der alten doppelten Verteidigungslinie bis heute gut erkennbar nach. Und da Adenauer selbst ein Rosenliebhaber war, wurde seit etwa 1920 diese spezielle Gartenanlage angelegt.

Durch die ehemaligen Verteidigungswälle geht es hinauf zum Blumenmeer. ›

Die Königin der Blumen zeigt sich in ihrer ganzen Vielfalt.

Sie entstand nach den Plänen des damaligen städtischen Gartenbaudirektors Fritz Encke auf dem Dach der alten Bastion. Die strenge Symmetrie entsprach dem Geschmack der Zeit: dem Jugendstil. Nach dem Zweiten Weltkrieg zogen ausgebombte Familien ins Fort ein. Der verstorbene Georg Polster war der letzte Bewohner. Er blieb fast 65 Jahre und kümmerte sich zuletzt als Hausmeister um das wuchtige Gebäude.

Während der warmen Monate kann man sich auf dem bunt blühenden Dachgarten gut aus dem Alltag verkrümeln und unter dem dichten Blätterwerk der Platanen umherschlendern. Von der Stadt ist nichts zu sehen, nur der Kirchturm von St. Agnes grüßt aus der Ferne. Über die kleine Anlage sind mehrere lauschige Sitzecken und Parkbänke verteilt. Wegen der versteckten Lage ist es meist sehr ruhig, so findet man eigentlich immer ein Plätzchen. Am besten mit etwas Lesestoff im Gepäck. Denn der Rosengarten ist auch ein literarischer Ort. **Heinrich Böll** wird sicher die ein oder andere Stunde in ihm verbracht haben. Der Schriftsteller wohnte in den 1970er Jahren gleich um die Ecke, in der Hülchrather Straße 7. Und er schrieb in seinem Buch „Gruppenbild mit Dame": „Mit ihm also tanzte Leni schätzungsweise zwölfmal ..., bevor sie gegen ein Uhr früh sich von ihm in einen unweit gelegenen, in einen Park verwandelten Festungsgraben entführen ließ." Darüber hinaus hat der Park noch mehr Bezug zum geschriebenen Wort: 2008 wurde das Fort mit den umliegenden Grünflächen in **„Hilde-Domin-Park"** umbenannt. „Nur eine Rose als Stütze", heißt der erste Gedichtband der Lyrikerin und Freundin von Böll. Und ihr Geburtshaus steht ebenfalls ganz in der Nähe, in der Riehler Straße 23.

Ein idealer Platz für Verliebte

SERVICE

WO: Neusser Wall gegenüber der Hülchrather Straße (über dem Fort X), 50668 Köln
GEÖFFNET: Mai–Okt. 8–20 Uhr, am Wochenende und an Feiertagen 9–20 Uhr. Eintritt: frei
HINKOMMEN: Stadtbahnlinien 16 und 18 bis Ebertplatz oder Linien12 und 15 bis Lohsestraße
PARKEN: am Neusser Wall
LECKER: Café Elefant, Weißenburgstraße 50, 50670 Köln, Tel. 0221-73 45 20. Geöffnet: Mo–Fr 9.30–23 Uhr, Sa–So 9.30–20 Uhr

Frisch rekonstruiert: der historische Pavillon

Die Natur überwuchert das preußische Fort.

Japanischer
Garten

Am Stadtrand blüht die Zaubernuss

Der Japanische Garten in Flittard ist immer eine gute Idee für einen Kurzausflug an einem strahlend schönen Frühlings- oder Herbsttag. Allerdings versteckt sich das exotische Kleinod ziemlich perfekt: Es liegt mitten im Reich des Chemie-Riesen Bayer, genau auf der Grenze zwischen Leverkusen und Köln.

Die **Otto-Bayer-Straße** ist schon eine merkwürdige Straße. Sie führt durch den **CHEMPARK** der Bayer AG und dennoch sieht man weit und breit nichts von Chemie. Stattdessen fällt das Auge auf eine weitläufige, sehr gepflegte Grünanlage: den **Carl-Duisberg-Park**. Der namensgebende Chemiker wurde 1912 Generaldirektor der damaligen Farbenfabrik Friedrich Bayer & Co. Ein Jahr später ließ er auf dem Werksgelände neben seiner Villa einen japanischen Garten anlegen. Ein Gärtner aus dem Land der aufgehenden Sonne soll ihm dabei geholfen haben. Die exotischen Anlagen waren damals sehr in Mode. Der älteste japanische Garten Deutschlands soll 1904 in Düsseldorf entstanden sein.

1926 begab sich der „Aspirin-König“ auf eine Weltreise, die ihn, den begeisterten Bonsai-Züchter, bis nach Japan führte. Nach Hause zurückgekehrt ließ er sein kleines und damals noch privates ostasiatisches Gartenparadies erweitern. Mit dem Bau des Bayer-Verwaltungshochhauses 1960 musste der Garten allerdings weichen – und zog rund 250 Meter gen Süden weiter. Ein Schild weist uns den Weg nach rechts. Wir spazieren in die 22 Hektar große Anlage, in der hohe, alte Bäume

Verwunschenes Plätzchen voller Magie

stehen und folgen der Beschilderung. Vor uns ragt ein schmaler Ziegelsteinschlot mit der Aufschrift „Bayer" auf. Bereits nach wenigen Minuten zeigt ein zinnoberrotes Brückchen den Eingang nach Japan an. Links und rechts des Wegs stehen Steinlaternen, die wie in die Vegetation eingewachsen scheinen und in Form einer Pagode gestaltet sind. Solche Lichter beleuchteten früher in den echten Gärten Asiens Gästen den Weg zum Teehaus. Wir folgen dem **Bachlauf** auf dem kleinen verwunschenen Weg nach links. Dabei kommen wir an Teichen mit bauchigen **Springbrunnen** und einem kleinen **Wasserfall** vorbei. Um uns

Das Herz des Gartens: das rote Teehaus

herum wachsen violett blühende Azaleen, rote Kamelien und akkurat zurechtgestutzte Schwarzkiefern. Aus dem Unterholz grüßt eine kleine Funkie. Immer wieder zweigen verschwiegene Trittsteinpfade vom Hauptweg ab. Eine Einladung, um vom Weg abzuweichen, denn dieses kleine Paradies bietet sich zum Entdecken an, auch mit der Kamera. Verlaufen kann man sich aber nicht. Mit seinen 15.000 Quadratmetern ist das Gelände sehr überschaubar. Man kann keine langen Spaziergänge unternehmen, aber zahlreiche zauberhafte Momente erleben. Viele Blicke sind so, als schaue man wie durch ein Fernglas nach Asien. Japanische Gärten stellen eine idealisierte Miniaturlandschaft ihrer Heimat dar. Der künstliche Mikrokosmos aus Felsen, Wasser und Gehölzen gibt die bergigen japanischen Inseln wieder, die zum Großteil von Wäldern bedeckt und vom Meer umgeben sind. In den einzelnen Kompositionen steckt zudem jede Menge Philosophie. So symbolisieren die Bäume den Kreislauf des Lebens. Dabei versinnbildlichen die Kirschbäume mit ihren Blüten die Vergänglichkeit, die immergrünen Kiefern wiederum die Ewigkeit. Wachsen diese Bäume nebeneinander, steht dies für Augenblick und Ewigkeit. Darüber hinaus gibt es aber auch jede Menge Deko in diesem Mini-Japan. Duisberg, der zudem ein Faible

Japanische Gärten bringen die Ruhe des Landes in die Hektik der Stadt.

für die ostasiatische Kunst hatte, brachte von seinen Trips viele Souvenirs mit. Und die verteilte er höchstpersönlich kreuz und quer im Park. So trifft man dort heute noch auf mild schauende Buddhas, grimmige koreanische Tempelhunde, Geishas und Götter.

Zwischendurch sollte man sich auch einmal an einem schönen Plätzchen niederlassen, ganz still sein und den Ort auf sich wirken lassen. In Ehrfurcht erstarren muss man dabei trotzdem nicht. Ein richtiger japanischer Meditationsgarten ist viel zurückgenommener und formaler, als dieses bunte und verspielte Fleckchen. Zumal auch Pflanzen aus anderen Ländern, wie eine ungarische Eiche oder einheimische Primeln

Die meditative Gestaltung lädt zur inneren Einkehr ein.

in die Gestaltung mit eingeflossen sind. Es ist eher eine Mischung aus exotischem grünen Daumen und rheinischem Fingerspitzengefühl – aber eine sehr gelungene. Nicht umsonst wurde der kleine Garten 2006 in die Top Five von „Deutschlands schönster Park" gewählt.

Wir überqueren eine weitere zierliche Brücke, die „**Mikadobrück**e". Sie wurde der heiligen roten Lackbrücke in der Tempelstadt Nikko nachempfunden. Diese überspannt dort den Gebirgsbach Daiya und durfte früher nur vom Kaiser betreten werden. Auf dem Rasen sonnt sich eine Schildkröte. Mandarin- und Stockenten kreuzen unseren Weg. Und wieder geht es über ein geschwungenes Brückchen. In der Mitte stoßen wir dann auf das Herz des Gartens: das rote **Teehaus** mit dem geschwungenen Dach. Davor befindet sich eine Terrasse, der perfekte Platz für eine Rast.

Gleich dahinter eröffnet sich eine **Teichlandschaft** mit Seerosen, die man auf großen Steinen überqueren kann. Auch die großen, bunten Kois fehlen nicht. Die Brokatkarpfen sind nicht scheu und schwimmen ganz nah an die Steine heran. Manchmal schaut ein Frischreiher vorbei. Tipp: Werfen Sie nach der Überquerung einen Blick zurück. Die Sicht auf die glatte Wasserfläche, die rohen Steine und die überdachte Laubenbrücke im Hintergrund lohnt sich.

Übrigens: Hier ist das ganze Jahr Saison – sogar im Winter. Die Blütenpracht beginnt schon im Januar mit der schwefelgelben Zaubernuss. Im Frühjahr breiten die Kirschbäume ihren rosa Teppich aus, im Herbst verblüfft der Fächerahorn mit seinem unglaublich intensiven Rot. Viel Betrieb herrscht im Garten nie. Besonders in der Frühe lohnt sich der Besuch, dann ist man manchmal fast allein. Und unter der Woche erholen sich hier meist nur die Bayer-Mitarbeiter in der Mittagspause. Wer mag, darf natürlich trotzdem ein bisschen meditieren. Zum Beispiel unter dem „**Baum des aufrechten Geistes**". Das klingt doch viel seelenvoller als Kiefer. Und irgendwie kehrt man danach doch entspannter in seine eigene Welt zurück – oder zumindest mit einer Menge toller Fotos.

SERVICE

WO: Japanischer Garten, Otto-Bayer-Straße, 51061 Köln
GEÖFFNET: Mai–Sept. 9–20 Uhr, Okt.–Apr. 9 Uhr–Einbruch der Dunkelheit, Eintritt frei
HINKOMMEN: S 6 Leverkusen, Haltestelle CHEMPARK
PARKEN: an der Otto-Bayer-Straße
LECKER: Im BayKomm (s. Tipp) ist ein Bistro auch für Besucher geöffnet. Dort gibt's Kaffee, Kuchen und Mittagstisch, mit Außenbereich. Geöffnet: Mo–Fr 9–16 Uhr (Mittagstisch: 12–14 Uhr), So 12–17 Uhr

TIPP: Gleich neben dem Japanischen Garten befindet sich das „Bayer-Kommunikationszentrum" (BayKomm). Dort können sich Besucher über die Bedeutung der Chemie informieren. Kaiser Wilhelm Allee 1b, 51373 Leverkusen. Geöffnet: Mo–Fr 12–18 Uhr, So 12–17 Uhr. Eintritt: frei

Fast wie in Nippon: Kois

Carl Duisberg im alten japanischen Garten

Im Stammheimer *Schlosspark*

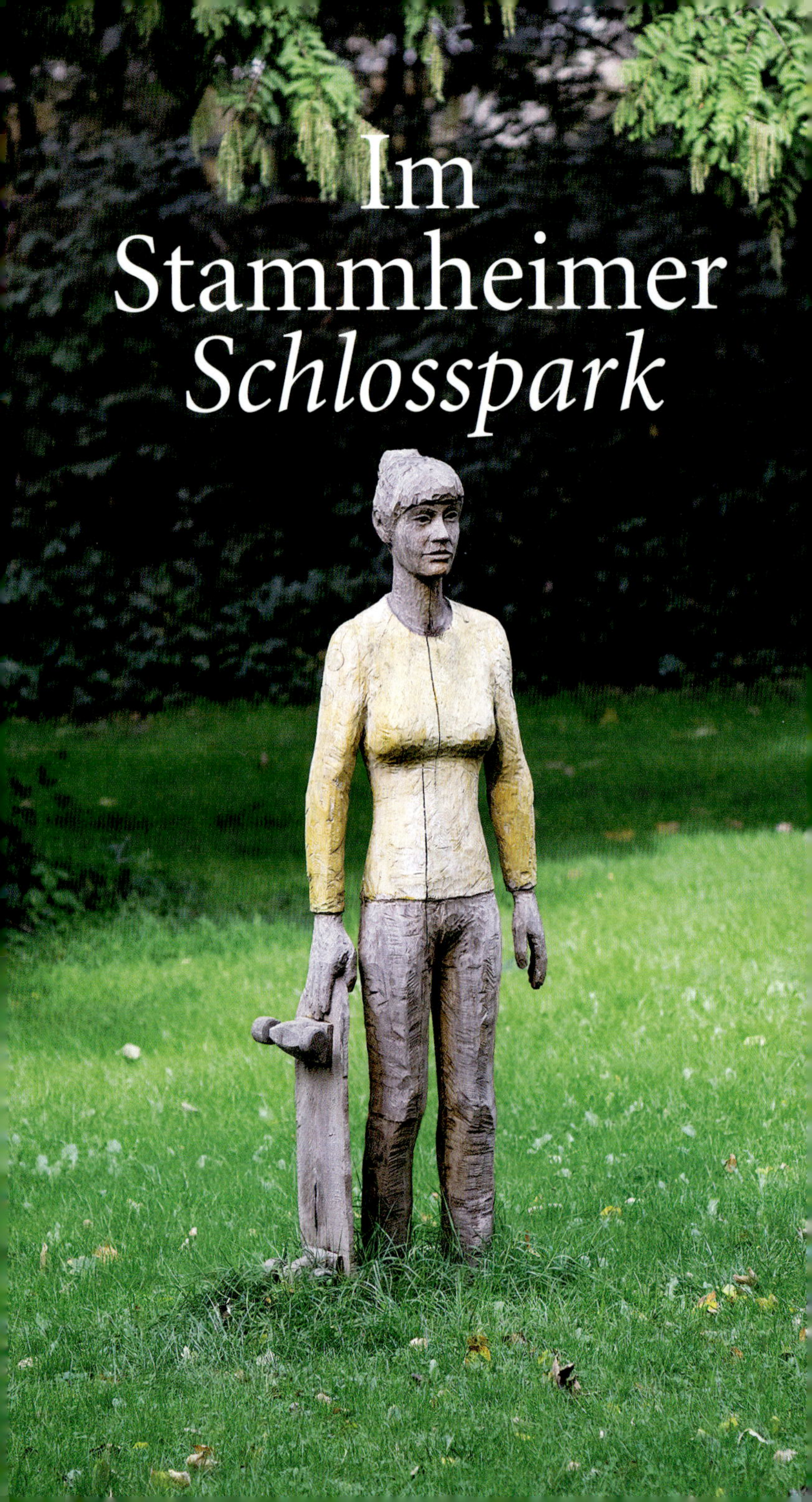

Zu Besuch bei Grafens

Lust auf eine Zeitreise? Dann nix wie hin in den Stammheimer Schlosspark. Mit etwas Fantasie und dank origineller Kunstobjekte kann man dort ein untergegangenes Schloss wieder auferstehen lassen – und dabei unter fast 200 Jahre alten Baumriesen wunderbar lustwandeln.

Es war einmal, da verzauberte die **„Loreley von Stammheim"** einige Rheinschiffer derart, dass sie beim Versuch nur einen Blick auf sie zu werfen, tödlich verunglückten. Die Legende erzählt, dass die geheimnisvolle Schöne einst in Ungarn geboren wurde, dann einen Stammheimer Grafen heiratete und fortan mit ihren Hunden durch den Schlosspark spaziert sein soll – und zwar Zigarre rauchend! Der Künstler **Gilbert Flöck** hat ihr in der Skulptur „Gräfin zu Fuß" ein Denkmal gesetzt. Seit 2012 schreitet die kesse Stahldrahtsilhouette über die Wiese, während ihr Reifrock aus einer Hecke wächst. Gleich werden wir sie treffen.

Zunächst passieren wir das Eingangsportal, das von zwei majestätischen Löwen bewacht wird. Es handelt sich jedoch „nur" um originalgetreue Nachbildungen. Die echten Figuren wurden von dem Stammheimer Grafen 1900 auf der Weltausstellung in Paris erworben. Ein Löwe wurde im Zweiten Weltkrieg zerstört, der andere verlor 1997 seinen Kopf. Wahrscheinlich wurde er durch Frost abgesprengt. Doch

Der König der Tiere bewacht den Eingang.

‹ Der alte Schlosspark ist zugleich eine Open-Air-Kunstausstellung.

Die breite Lindenallee führte direkt zum Schloss.

als das steinerne Haupt einige Tage auf dem Rasen rumlag, war es plötzlich verschwunden und ist bis heute nicht mehr aufgetaucht. Der seitdem kopflose alte Torwächter liegt immer noch ein paar Meter weiter im Gras.

Wir spazieren geradeaus hinein in den Park auf der breiten **Lindenallee**, der klassischen Kutschenzufahrt zu jedem Schloss, das etwas auf sich hält. Die Allee wurde 1822 angelegt, in den 1980er Jahren mussten die Bäume jedoch neu gepflanzt werden. Rechts von uns schaukelt Emily in luftiger Höhe. Unbeirrt, bei Wind und Wetter, tags wie nachts. So wie sie bevölkern mittlerweile rund 60 Kunstobjekte den Schlosspark. Denn seit 2002 organisiert die Künstlerinitiative „Kultur Raum Rechtsrhein" (KRR) hier Ausstellungen von Skulpturen und Installationen aller Art unter freiem Himmel. Viele haben sich in die Natur eingeschmiegt, manche verstecken sich in den Bäumen. Einige Stücke bleiben dauerhaft, andere wechseln jedes Jahr und zwar immer zu Pfingsten. Und so kann man heute in jeder Ecke der alten Anlage immer wieder etwas Neues entdecken.

Die Allee führt uns direkt zum Rhein. Links grüßt die **„Gräfin zu Fuß"**. Dann taucht am Wegesrand ein bizarres Trümmerstück auf. Kein Originalteil des alten Schlosses, das nicht mehr existiert, sondern eine mahnende Erinnerung an die Zerstörungen der beiden Weltkriege. Der gotisch anmutende Spitzbogen spielt wie viele der Kunstobjekte auf das

Rund 60 fantasievolle Kunstobjekte bevölkern den Skulpturenpark.

untergegangene Schloss an. Und dann treffen wir auch schon die Stars dieses grünen Fleckens: den Freiherr Franz-Egon von Fürstenberg-Stammheim und seine Gattin. Sie stehen just an dem Ort, wo einst ihr Zuhause war.

Gleich hinter ihnen erhebt sich ein Tor, das Standort und Größe des ehemaligen Schlossportals markiert. Einst stand hier ein mittelalterliches Rittergut, das im 18. Jahrhundert abgerissen und als ansehnliches Rokokoschloss wieder aufgebaut wurde. Vom 19. Jahrhundert an war es Stammsitz der Freiherren von Fürstenberg-Stammheim, wobei vor allem **Graf Franz Egon von Fürstenberg-Stammheim** (1797–1859) von sich reden machte. Er war als Mäzen bekannt und machte das Schloss zu einem Treffpunkt der Kunst- und Kulturszene. Zu seinem Freundeskreis gehörten der Literaturprofessor und Schriftsteller August Wilhelm von Schlegel (1767–1845) sowie der Architekt Karl Friedrich Schinkel (1781–1841). Der rührige Graf ließ die Apollinariskirche in Remagen im neugotischen Stil errichten und unterstützte die Renovierung des Altenberger Doms. Sein Verdienst war es auch, dass nach 300-jähriger Unterbrechung der Bau des Kölner Doms vollendet werden konnte. Als Dank wurde er zum allerersten Ehrenbürger Kölns ernannt.

Franz Egon galt auch als großer Menschenfreund. Wenn der Rhein über die Ufer trat, nahm er Überschwemmungsopfer bei sich auf, einmal

Die sagenhafte „Gräfin zu Fuß“ von Gilbert Flöck

waren es 300 Menschen an der Zahl. Und zu seiner Silberhochzeit am 4. Oktober 1854 ließ er im Park ein Riesenzelt aufbauen und lud die ganze Bevölkerung aus der näheren Umgebung ein.

Das Schloss stand genau hier vor dem Grafenpaar aus Beton mit der „Schauseite“ nach Süden und fantastischem Rheinblick. So konnte der Graf von seinem Arbeitszimmer aus die Fortschritte des Dombaus beobachten. An der östlichen Schlossseite lag ein runder Teich. Im Inneren beherbergte das Herrenhaus eine reiche Sammlung von Elfenbeinschnitzereien sowie eine wertvolle Bibliothek und ein Vogel- und Naturalien-Kabinett. Im Oktober 1944 brannte das herrschaftliche Gebäude bei einem Fliegerangriff bis auf die Grundmauern aus. Heute ist von der Anlage nur noch ein riesiger Ahorn übriggeblieben, der schon manches Menschenleben überdauert hat. Wenn er sprechen könnte, was würde er alles vom glanzvollen Treiben der Vergangenheit erzählen?

Bis Anfang der 1950er Jahre stand die Schlossruine noch. 1952 ging der kriegsverwüstete Park in den Besitz der Bayerwerke über. Bayer baute hier kurz darauf das vom sachlichen Bauhaus-Stil geprägte **Ulrich-Haberland-Haus**, das sich nun auch schon seit vielen Jahren verwaist ans Rheinufer schmiegt. Es diente zunächst als Altersheim, später als Studentenheim. Im Innenhof des Haberlandhauses (und daher leider nicht von außen zu sehen), ist ein altes Doppelwappen aus dem Schloss als Schlussstein integriert.

Vor uns flutet der silbern glänzende Strom. Wer die Aussicht genießen möchte und dafür ein sonniges Plätzchen sucht, findet ein paar Schritte nach rechts bunte Bänke. Ansonsten wenden wir uns nach links und gehen stromabwärts. Früher zog sich hier eine hohe Weißdornhecke entlang, in die „Fenster“ zum Fluss eingeschnitten waren. Das Auge fällt auf hohe, knorrige Stämme. Tatsächlich finden die Besucher heute weitgehend die gleichen Gehölze vor wie im 19. Jahrhundert – nur etwas größer. Denn wir wandeln durch einen englischen Landschaftspark. Franz Egon beauftragte dafür 1828 den königlichen Hofgärtner **Maximilian Friedrich Weyhe**, der viele Gärten in rheinischen Adelssitzen entworfen hat. Dieser Gartenkünstler ließ für Stammheim zahlreiche einheimische und exotische Pflanzenarten mit Schiffen und Pferdefuhrwerken aus Kleve, Bonn, Düsseldorf und dem Botanischen Garten Köln herbeischaffen, wie Christusdornsträuche, Kuchen- oder Maulbeerbäume. Rund 500 Sträucher und 600 Bäume insgesamt,

König und Königin von Martin Langer (l.), Grafenpaar von Herbert Labusga (r.)

darunter zahlreiche Sorten einer Art, wie 18 verschiedene Robinien, 26 Goldregen und 31 unterschiedliche Apfelbäume. Bis heute wachsen hier daher Züchtungen, die selbst Botanikern unbekannt sind. Rechts am Weg hockt auf einer hohen Säule der vergoldete **Lilienthal-Mops**, ein pummliger Hund mit Fluggestell. Ob er mit seinen filigranen Schmetterlingsflügeln wirklich fliegen könnte?

Lustwandeln unter alten Baumriesen

Vom Schlosspark eröffnet sich der Blick auf den Rhein.

Wir gehen weiter auf dem oberen **Deichweg**. Wer ein Plätzchen im Schatten bevorzugt, nimmt auf dem Südhügel auf der Bank unter der großen Stieleiche Platz. Von hier aus kann man wie früher den Dom sehen. Der erhobene Aussichtsstandort wurde ebenfalls von Weyhe designt. Auch die Kurven um den Hügel gehören zu den „Brezelwegen" des alten Meisters. Wir passieren das Naturstein-Rondell und laufen an der Original-Schlossmauer aus Backstein zurück. Nach einigen Metern machen wir einen kurzen Abstecher nach rechts und besuchen die Begräbnisstätte der gräflichen Familie. Hier ruhten Franz Egon, seine Kinder und Enkelkinder bis zu ihrer Überführung in die neuerbaute Familiengruft auf dem Appolinarisberg.
Dann durchschreiten wir die Gruppe der sieben Platanen, die sich linker Hand von uns befindet. Wer in die Baumkronen schaut, kann dort ganz moderne Schlosspark-Bewohner entdecken: **grüne Halsbandsittiche**. Ursprünglich in Afrika und Asien beheimatet, wurde das erste freilebende Brutpaar in den 1960er Jahren in Köln entdeckt. Seitdem geht die Mär um, dass die putzigen Immigranten aus dem Kölner Zoo ausgebüxt sein sollen. Ob's stimmt oder nicht, auf jeden Fall wohnen viele von ihnen äußerst gern hier in den Astlöchern. Seit 2012 wird ihr Alltag in den Nisthöhlen mit Kameras direkt in die U-Bahnstation Breslauer Platz übertragen. Dort flimmern die Aufnahmen in elf Metern Tiefe über die Betonwand. Wer das Gezwitscher hören möchte, stellt sich neben den Gleisen unter die große Tonhaube.

Pummliger Flugpionier: Lilienthal-Mops von Michail Stamm

Im Lauf seiner fast 200-jährigen Geschichte fiel der Park immer wieder in einen Dornröschenschlaf. Zuletzt geweckt wurde er vor einigen Jahren, als man versuchte, die Anlage nach früheren Plänen zu rekonstruieren. Inzwischen sorgen viele der alten Sichtachsen wieder für bezaubernde Momente, zum Beispiel wenn das Herbstlaub um eine neuzeitliche Statue tanzt, die mittlerweile auch schon ein bisschen Moos als Patina angesetzt hat. Übrigens: Die Gräfin zu Fuß wandelt dank des weißen Lacks auch nachts gut sichtbar durch den Park – vielleicht sollte man sie mal in einer lauen Sommernacht besuchen?

Direkt hinter der Schlossmauer gibt's übrigens noch ein mystisches Kleinod zu entdecken. Die prächtige **Kirche Sankt Mariä Geburt** ist seit vielen Jahrhunderten ein bedeutender Wallfahrtsort. Im barocken Seitenaltar befindet sich eine **wundertätige Madonna**. Über ihre Herkunft ist nichts Sicheres bekannt, was reichlich Stoff für Legenden bietet. Nach einer Version soll sie am Rheinufer in Stammheim angeschwemmt worden sein. Als man sie daraufhin nach St. Clemens in Mülheim brachte, fiel sie um und so überließ man sie wieder den Fluten des Rheins, der sie erneut nach Stammheim brachte. Egal, ob die Legende wahr ist: Die freudenreiche Mutter von Stammheim und ihr Kind sind auf jeden Fall einen Besuch wert – denn sie sind auch für ihren freundlichen Gesichtsausdruck bekannt.

Und wenn man schon mal da ist – noch ein Extratipp: Gleich links am Löwentor beginnt die **Egonstraße**. Wer ihr folgt erreicht nach einigen hundert Metern (mit Auto oder Fahrrad, nicht zu Fuß zu empfehlen) bei Hausnummer 152 den **optischen Telegrafen**. Bei dem weißen Turm mit der merkwürdigen Antenne auf dem Dach handelt es sich quasi um einen Handymast der ersten Stunde. Lange bevor das Telefon erfunden wurde, versandte man Nachrichten mithilfe der optischen Telegrafie. Diese Station gehörte zur preußischen Übermittlungsstrecke Berlin–Koblenz. Von 1833 bis 1848 wurden von hier aus militärische Staatsdepeschen in die Hauptstadt geschickt. Und zwar über 61 weitere Telegrafen. Das funktionierte so: Die Flügelarme des Mastes wurden per Seilzug bewegt, man konnte auf diese Weise quasi optisch „morsen". Die Abfolge wurde dann von der nächsten Station mit Fernrohren gelesen und so immer weitergegeben. Bei guter Sicht waren die Infos nach rund zwei Stunden am Ziel. Und auch dieses Kuriosum aus der Frühzeit der Nachrichtentechnik hat mit Franz Egon zu tun. Als es nicht mehr benötigt wurde, kaufte der Graf spontan das Gebäude. Darum ist die Station Nummer 50 als einzige der Strecke erhalten geblieben. Heute befindet sie sich im Privatbesitz, den Antennenmast sieht man aber gut von außen.

SERVICE

WO: Schlosspark Stammheim, Stammheimer Hauptstraße 67, www.schlosspark-stammheim.com
GEÖFFNET: durchgehend geöffnet, Eintritt frei
HINKOMMEN: Bus Linie 152, Haltestelle Stammheimer Friedhof/Schlossstraße
PARKEN: direkt an der Schlossmauer
MEHR ERFAHREN: Führungen durch den Schlosspark bietet Mareike Fänger an. Tel. 0221-5 10 70 73
ANSCHAUEN: St. Mariä Geburt, Stammheimer Hauptstraße 65, 51061 Köln Stammheim. Geöffnet: Mo–So 9–17 Uhr
Optischer Telegraf, Egonstraße 152, 51061 Köln (im Privatbesitz, nur von außen zu besichtigen)
LECKER: Am besten man packt den Picknickkorb ein. Auf der grünen Wiese lässt es sich wunderbar schmausen.
TIPP: Der Besuch im Schlosspark ist wegen der vielen Skulpturen auch für Kinder interessant!

Urige Gesellen wohnen im Schlosspark.

Am *Niehler* Damm

Der Lido bei Rheinkilometer 695

Warum ist es am Rhein so schön? Am Niehler Hafen kann man das herausfinden. Denn die Sandstrände dort sind einfach perfekt, um spontan ein paar entspannte Stunden zu genießen. Eine kleine Idylle, inmitten der großen Industrieanlagen des Kölner Nordens – ideal zum Grillen, Chillen oder Spazierengehen.

Nicht einmal 100 Jahre ist es her, da war **Niehl** noch ein beschauliches Bauern- und Fischernest. Erst nach dem Ersten Weltkrieg siedelten sich nördlich des immerhin 1000 Jahre alten Dörfchens die ersten Großunternehmen an, allen voran die Ford-Werke und einige Petrochemiefabriken. Doch einer war schon viel früher da: der alte Vater Rhein. Seit Millionen Jahren fließt er von seiner Quelle in den Schweizer Alpen Richtung Nordsee. Seinen vielbesungenen Namen gaben ihm bereits die Kelten. Sie tauften ihn Renos, was fließendes Wasser bedeutet. Unter den Römern wurde er dann zum lockigen Flussgott Rhenus. Sie machten den 1233 Kilometer langen Strom außerdem zum florierenden Handelsweg. Heute ist er die meistbefahrene Wasserstraße Europas. Doch wenn es die Sonne mal wieder so richtig gut mit Köln meint, dann bieten die Ufer des geschäftigen Gewässers immer noch das schönste Strandvergnügen – ob an der Riviera

Angeschwemmtes Strandgut

von Rodenkirchen im Kölner Süden oder eben in Niehl. Dafür müssen wir nur Kühlbox nebst Strandmatte einpacken und uns ein Plätzchen unter den Weiden suchen. Und das ist im Rücken des Niehler Hafens gar nicht so schwer.

Wir steigen die Treppen am **Niehler Damm** hinauf (ungefähr gegenüber Hausnummer 73) und gehen in Richtung der langen, schmalen **Fußgängerbrücke**. Vor uns schieben sich Container, Bahngleise, Kräne und Werkhallen ins Bild. Wir sehen den Terminal Westkai, in dem der Warenumschlag trimodal, also zwischen Binnenschiff, Bahn und Lkw, erfolgt. Von der Brücke, die aus den 1980er Jahren stammt, hat man

Die Fußgängerbrücke führt ins Grüne.

dann einen noch besseren Blick auf den **Niehler Hafen**, dem immerhin wichtigsten Industriehafen der Region. Unter unseren Füßen blitzt zwischen den Holzbohlen das Wasser des Hafenbeckens hindurch. Wer nach rechts schaut, sieht nun die großen steinernen Getreidesilos auf dem Kai und dahinter das Containerterminal. Etwas links davon am **Molenkopf** befinden sich die Rheinischen Asphalt-Mischwerke.

Doch wenn man sich nur ein wenig dreht, verschwindet die Industrie-Hafen-Romantik aus dem Blickfeld und das Auge fällt nur auf Wasser, Bäume und Strand. Und das nicht zu knapp. Am Kopf der Halbinsel sitzen oft Angler, die im grünblauen Wasser auf die Jagd nach Aalen, Rotaugen, Brassen, Barben, Karpfen und Zander gehen.

Kaum haben wir die Brücke verlassen, gehen wir über die grüne Wiese direkt zum Rhein. Das Gras wiegt sich im Wind. Linker Hand erscheinen die Ford-Werke am Horizont. Am Rheinufer gegenüber befindet sich der Stammheimer Schlosspark (s. S. 86) und links daneben die mächtigen Tanks des Großklärwerks Stammheim (s. S. 166). Hier, bei **Rheinkilometer 695**, reihen sich über mehrere hundert Meter stromabwärts kleine Buchten aneinander. Dort kann man auf richtig feinem Sandstrand fast wie an der Nord- oder sogar der Südsee sitzen, je nach Wetter. Immerhin tragen die Strandabschnitte exotische Namen wie Costa Brava oder Hawaii, die ihnen Sonnenanbeter gegeben haben. Mit etwas Glück findet man sogar eine Privatbucht, in der es sich wunderbar entspannen lässt. Entweder man schaukelt in einer Hängematte

Der Blick fällt in eine weite Auenlandschaft.

zwischen den Bäumen, baut Sandburgen oder sammelt Rheinkiesel und Muscheln. Oder man lauscht dem Tuckern der Rheinkähne und Touristenschiffe und schaut den Wellen zu, die von den vorbeifahrenden Booten an den Strand geworfen werden. Der Blick auf den Rhein ist wie ein Gemälde, man glaubt gar nicht so nah an der Stadt zu sein. Sichtschutz und Schatten spenden die zahlreichen Bäume, die direkt am Ufer wachsen. Picknickdecke ausbreiten – und fertig.

Kaum zu glauben, dass sich hinter uns der größte Kölner Hafen befindet. Die Domstadt hat insgesamt sechs davon und ist damit nach Duisburg der zweitgrößte Binnenhafen Deutschlands. Niehl I entstand ab den 1920er Jahren und ist längst auf eine Gesamtfläche von rund 1,3 Millionen Quadratmetern angewachsen, größer als manch ein Kölner Veedel. Heute werden dort pro Jahr mehr als 2000 Schiffe be- und ent-

Mit etwas Glück findet sich eine private Bucht.

laden sowie 550.000 Container bestückt. Im Hafen, weit weg von jedem Meer, befindet sich übrigens das südlichste Seemannsamt Deutschlands. Doch vom geschäftigen Treiben an den Kais bekommt man am Strand nichts mit. Manchmal stören nur blökende Schafe die Ruhe am Strom. Denn ab und zu lassen Schäfer ihre Herden hier weiden.

Nur einmal fand auf den Uferwiesen ein echtes Happening statt. Das war im Juli 1926. Da kenterte ein Schleppkahn auf Höhe der Südbrücke, der 100 Fässer Wein an Bord hatte. Angeschwemmt wurden sie hier am Rheinbogen bei Niehl. So schnell konnte man gar nicht gucken, wie sich damals eine Karawane in Bewegung setzte. Ausgerüstet mit Gefäßen aller Art strömten die Leutchen zum Rhein. Das Ergebnis war eines der wüstesten Saufgelage der Stadt. 4000 Liter Wein verschwanden in den Kehlen und etliche hundert Menschen schliefen ihren Rausch an Ort und Stelle aus.

Wir spazieren von hier aus weiter nach Süden durch die Auenlandschaft. Besonders bei

Baden verboten!

Auch wenn das verführerischste Sommerwetter lockt: das Baden im Rhein ist lebensgefährlich. Der Sog kann selbst guten Schwimmern die Beine wegziehen und sie in den Fluss treiben. Das gilt auch für den Bereich zwischen den schmalen Steinwällen, die ins Wasser ragen, den sogenannten Buhnen. Dort gibt es plötzlich auftretende Untiefen. Achten Sie insbesondere auf Ihre Kinder! Früher war das anders. Bis weit ins 20. Jahrhundert hinein war das Planschen im Rhein ein beliebter Sommerspaß. Damals gab es aber auch richtige Flussbadeanstalten mit großen Restaurants.

Relaxen unter Weidenbäumen (l.), der heilige Nepomuk am Niehler Dömchen (r.)

Niedrigwasser ist die Strecke auch ein toller Rheinbettspaziergang. Nicht selten findet man dabei ein schönes Stück Treibholz oder anderes Strandgut. Bald breiten sich die großen **Rheinwiesen** aus, welche die Ursprünglichkeit der niederrheinischen Landschaft noch erahnen lassen. Und wer im Herbst bei Frühnebel hier entlangspaziert, könnte meinen, dass Feen über die Wiese streifen. Nach rund 1,5 Kilometern taucht ein kleines Wäldchen auf: das **Cranachwäldchen.** Es hat nichts mit dem berühmten Renaissancemaler zu tun, der Name geht auf den preußischen Offizier Lucas von Cranach zurück. Er soll diesen Teil des Rheinbogens im 19. Jahrhundert als Exerzierplatz genutzt haben – doch die Bauern beschwerten sich, als ihnen die Kugeln um die Ohren pfiffen. Also beschloss Cranach eine Wand aus Schwarzpappeln als Kugelfang zu pflanzen. Heute stehen dort einige richtig hohe Bäume, die im Herbst voll von Krähen sind. In Höhe der Mülheimer Brücke kehren wir um und spazieren auf der oberen Baumallee **„Am Molenkopf"** zurück. Einen Rundweg gibt es nicht, also geht's über die gleiche Strecke zurück. Aber am Rhein ist es ja eh am schönsten.

Die kleine Schwester des Doms: Alt St. Katharina

Ist noch etwas Zeit übrig, lohnt anschließend der Besuch des circa 800 Meter entfernten **Niehler Dömchens.** Das idyllische mittelalterliche Gemäuer zählt zu den kleinen romanischen Kirchen Kölns. Der Turm von **Alt St. Katharina** stammt vermutlich aus dem 12. Jahrhundert. Die malerische Lage am Rhein bedeutete für die „capella in neyle" jedoch auch immer Gefahr. Neben Hochwasser drohten in früheren Zeiten in kalten Wintern auch Eisgänge. Dann fror der Fluss zu, die Eisschollen türmten sich und stauten das Wasser – und wenn alles plötzlich taute, kam es zu großen Überschwemmungen. Deswegen wurde anno 1747 gegen Eisgang um die Dorfkirche herum eine massive Mauer gebaut. Diese ziert seitdem eine Figur des **heiligen Johannes von Nepomuk**, der heute noch auf dem bemoosten Mauerwerk steht und auf den Rhein schaut. Die kleine Schwester des Doms ist leider nur zu wenigen Gottesdiensten geöffnet. Man kann sich aber den lauschigen Kirchhof anschauen. Der aus dem Mittelalter stammende Friedhof wurde zwar um 1865 geschlossen und seine Grabmäler sind fast alle verschwunden, doch an der Nordpartie der Kirchhofsmauer blieb ein verwittertes Kalksteinkreuz erhalten. Hier wurde 1712 Johannes Theodor Hauser „gewesener wirdt am Nippes" bestattet. Geblieben ist ebenfalls ein neugotisches Grabmal aus dem 19. Jahrhundert, dessen Inschrift an zwei „Bürgermeister zu Longerich" erinnert.

SERVICE

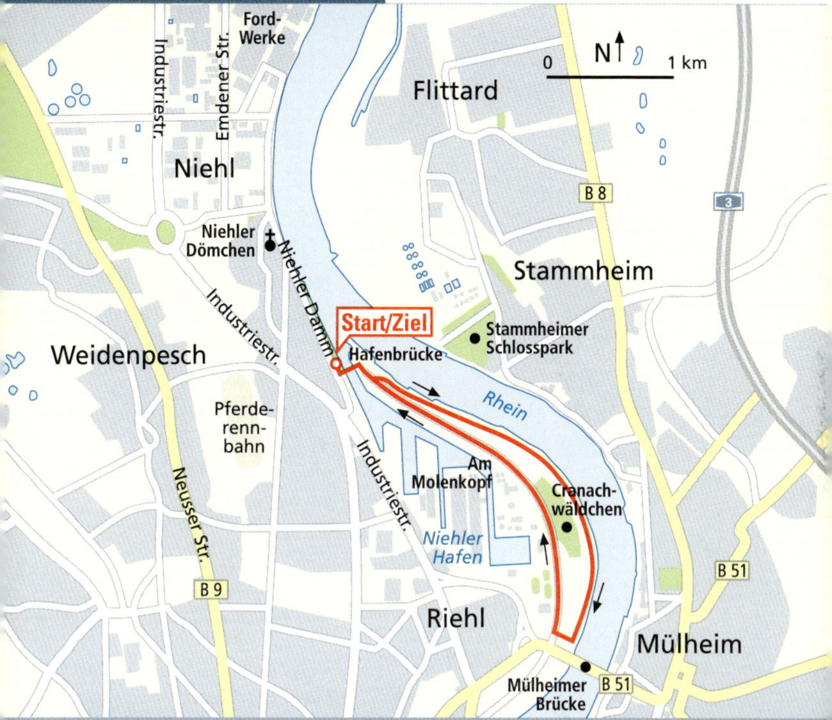

WO: Start der Tour an der Straße „Niehler Damm" (ungefähr gegenüber der Hausnummer 73), 50735 Köln
HINKOMMEN: Stadtbahnlinie 16, Haltestelle Sebastianstraße
PARKEN: an der Straße „Niehler Damm"
ANSCHAUEN: Niehler Dömchen, Sebastianstraße 231/Ecke Niehler Damm, 50735 Köln
LECKER: Es gibt keine Einkehrmöglichkeiten entlang der Strecke. Da hilft nur ein Picknickkorb für eine Pause am Rhein.

Lust auf Rheinkieselsammeln?

Auf dem
Herkulesberg

Der Mont Klamott von Köln

Nach dem Krieg kehrten die Trümmerfrauen in Deutschland den Schutt zusammen und ließen ihn da liegen wo gerade Platz war. In den 1950er Jahren wurden diese Müllhaufen des Zweiten Weltkriegs dann entsorgt und zusammengetragen – die Trümmerberge wuchsen. Fast jede größere Stadt Deutschlands hat wenigstens einen davon. Der höchste Kölns ist eine kleine grüne Oase mit stolzem Namen: Herkulesberg.

Zur Stunde Null lag die alte Domstadt zur Hälfte in Schutt und Asche, die Innenstadt sogar zu 92 Prozent. 11,5 Millionen Kubikmeter Trümmer kamen allein aus der Altstadt zusammen, 30 Millionen waren es insgesamt. Mehr als in Berlin! Der Architekt Rudolf Schwarz nannte Köln daher den „größten Trümmerhaufen der Welt". Und so ließ man auch hier die Berge wachsen. Hätte man alle Schutthalden auf einen Haufen gekehrt, wäre dieser eine Berg 230 Meter hoch geworden. Doch es wurden elf Hügel an der Zahl. Der höchste ist der rund 25 Meter hohe **Herkulesberg** (absolute Höhe 79 m über NN),der von 1957 bis 1960 entstand. Allerdings verdankt er seinen imposanten Götternamen nicht seiner Größe, sondern der banalen Nähe zur Herkulesstraße.

Wir starten unseren kleinen Ausflug ins Grüne an der Ecke **Subbelrather Straße/Herkulesstraße**, inmitten der tosenden Großstadt. Ein gelber Zaun markiert den Eingang ins Landschaftsschutzgebiet. Nach wenigen Metern biegen wir bereits rechts ab und folgen dann kurz darauf links dem Trampelpfad. Es geht immer bergauf, mit Blick auf den Gipfel. Kaum sind wir ein paar Meter hinauf gelaufen, vergessen wir fast, dass wir uns im Stadtzentrum befinden. Plötzlich sind wir eingehüllt in

Aus der Ferne grüßt der Dom.

‹ Zahlreiche Wege führen auf Kölns höchsten Trümmerberg.

Die stahlblaue Mediapark-Brücke (l.), Köln-Turm, das höchste Bürogebäude der Stadt (r.)

Natur und Ruhe. Links von uns stehen Bäume, rechts ist eine Wiese. Sie gleicht im Sommer einem Meer aus meterhohen Wildblumen und macht diese Strecke etwas abenteuerlich. Wir folgen dem schmalen Pfad an Brennnesseln und Brombeerranken vorbei. Im Sommer begleiten uns Schmetterlinge und dicke Hummeln, im Winter kann man Kohlmeisen und Rotkehlchen sehen. Doch egal zu welcher Jahreszeit: Das ewige Rauschen der Metropole tritt immer in den Hintergrund. Wir sind noch so nah an den stark befahrenen Verkehrsadern und doch schon in einer eigenen, abgeschiedenen Welt. Nach etwas mehr als hundert Metern ist der Gipfel erreicht und wir genießen eine erste Aussicht auf den Stadtteil Ehrenfeld. Der 266 Meter hohe **Fernsehturm Colonius**, dessen Dreh-Restaurant und Aussichtsplattform seit langen Jahren geschlossen sind, blitzt durch das Grün der Zweige. Mümmelnde Kaninchen huschen über den Weg. Auch der Fuchs hat hier sein Revier. Man trifft Gassi-Geher, Jogger und manchmal auch gar keine Menschenseele.

Nun nehmen wir den Weg, der weiter oben auf dem Kamm verläuft und halten uns geradeaus, bis wir nach nur 40 Metern zu einer Kreuzung kommen. Rechts taucht eine markante blaue Brücke auf, die uns später zum **Mediapark** über die Gleise führen wird. Wer nach links schaut, sieht eine große steinerne Treppe, die aber „nur" hinab auf die Wiese führt und mehr dekorativen Zweck zu haben scheint. Wir gehen zunächst weiter geradeaus, bleiben also auf dem „Bergrücken". Nach etwa 250 Metern treffen wir auf einen **Wetterpilz**. Diese Unterstände schossen in den 1960er und 1970er Jahre überall in Deutschland sprichwörtlich wie Pilze aus dem Boden. Wer sie erfunden hat, ist nicht bekannt. Mit viel Fantasie erinnert der Betonchampignon ein wenig an Alice im Wunderland.

Da die Umgebung von Köln meist sehr flach ist, hat man von hier oben nun eine wirklich gute Fernsicht. Auch einige Wolkenkratzer schieben sich in unser Blickfeld. Allen voran der 148 Meter hohe **Köln-Turm**, der sich im Dunkeln ein strahlend blaues Abendkleid anzieht. Das höchste Bürogebäude der Stadt wird seit 2003 durch 360 Strahler in einen Leuchtturm verwandelt. Außerdem lassen sich zwei Oldies aus den 1920er Jahren blicken: der 80 Meter hohe **Deutzer Messeturm** und das **Hansahochhaus** („Saturnhochhaus"), das bei seinem Richtfest 1925 mit 65 Metern das höchste Haus Europas war. Es wurde in der Rekordzeit von 135 Tagen hochgezogen, möglich machte dies der Stahlbeton. Noch heute erinnert es mit den schönen Artdeco-Stilelementen an die goldene Ära der ersten Himmelsstürmer.

Wir sind umgeben von dichtem Grün, teilweise sogar Gestrüpp, denn der Herkulesberg wächst sich langsam zu einem verwilderten Großstadtdschungel aus. Und es ist nur schwer vorstellbar, was unter ihm eigentlich begraben ist. Immerhin schlummert in seinem Bauch ein Großteil der zerstörten Innenstadt. Was mag da alles liegen? Mauersteine, aber auch zerbrochenes Porzellan, Fahrradteile, Stoffbärenreste, zertrümmerte Träume und Albträume … Alles genau unter unseren Füßen auf 130.000 Quadratmetern Grundfläche. Von dem ungeheuren Sammelsurium stammt auch der Spitzname dieses Trümmerbergs: Mont Klamott, der Berg der alten Klamotten. Ursprünglich sollte Gerhard Marcks hier ein Denkmal aufstellen. Der Bildhauer installierte 1949 vor der Kirche St. Maria im Kapitol „Die Trauernde", die den Opfern des Krieges gewidmet ist. Doch die geplante Gedenkstätte auf dem Herkulesberg wurde nie verwirklicht. Heute überzieht die wild wuchernde Natur die dunkle Vergangenheit wie ein grünes Tuch. So ist der Herkulesberg in mehrfacher Hinsicht ein Niemandsland, dem modernen Trubel entrückt.

Wir laufen noch rund 100 Meter weiter und kommen dann zum höchsten Punkt. In der Haarnadelkurve erhebt sich die Anhöhe rund

Römisches Aquädukt im Mediapark

25 Meter über die Umgebung – und wir fühlen uns wie auf einer einsamen Insel mitten in der Stadt. Im Winter, wenn die Bäume kahl sind, schimmert hier immer mal wieder das bunte **Herkuleshochhaus** durch die Zweige. Der 102 Meter hohe Wohnturm, ein Kind der späten 1960er Jahre, verdankt seinen offiziellen Namen ebenfalls der Herkulesstraße. Wegen der bunten Fassade wird er auch Papageienhaus genannt.
Hier drehen wir um und spazieren auf demselben Weg zurück zur Brücke. Diesmal durchschreiten wir eine graffitibunte Betonpforte und finden uns auf der luftigen **Mediapark-Brücke** wieder. Sie wurde 1994 gebaut, und ihre hellblauen Träger sind etwas in die Jahre gekommen. Dennoch, oder vielleicht gerade deswegen, erzeugen sie eine wunderbar schräg-urbane Atmosphäre. Von hier aus hat man nun den besten Blick über die Skyline von Köln und kann den Dom sowie Groß St. Martin sehen. An einem lauen Frühlings- oder Sommerabend ist das fast ein romantisches Plätzchen. Die Stahlkonstruktion überspannt die Gleise und bringt uns zum Mediapark, der 1990 an die Stelle des ehemaligen Haupt-Güter-Verschubbahnhofs Köln-Gereon rückte. Um dorthin zu gelangen, halten wir uns nach der Brücke links und gehen immer bergab. Schnell finden wir uns inmitten der Annehmlichkeiten der Großstadt wieder. Wie wäre es jetzt mit einem Kaffee? Vielleicht im Direktionsgebäude des ehemaligen Güterbahnhofs: im maybach? Der Backsteinbau ist das letzte erhaltene Gebäude des ehemaligen Verkehrsknotenpunkts.

SERVICE

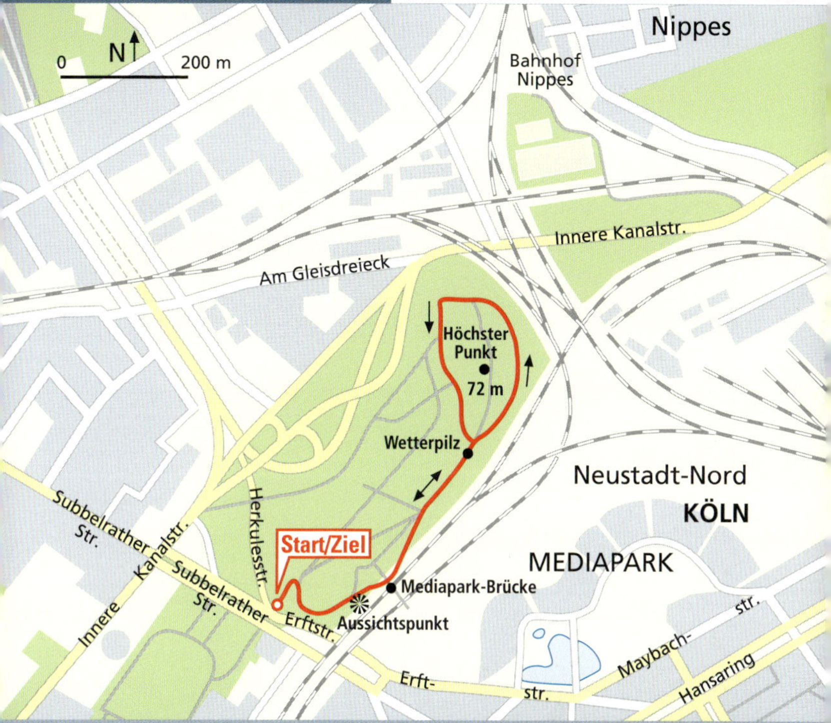

WO: Start der Tour an der Ecke Subbelrather Straße/Herkulesstraße, 50672 Köln
HINKOMMEN: Stadtbahnlinie 5, Haltestelle Gutenbergstraße
PARKEN: an der Subbelrather Straße oder am Venloer Wall
LECKER: maybach, Maybachstraße 111, 50670 Köln, Tel 0221-9 12 35 98.
Geöffnet: Mo–Do 12–24 Uhr, Fr–Sa 12–1 Uhr, So 10–15 Uhr

Fast wie im Urwald

In der
Stille

Vom *Kunibertsviertel* in *die Altstadt*

5000 Kerzen für die schwarze Madonna

Warum werden die Kinder in Köln nicht vom Klapperstorch gebracht? Wo leuchtet im Dunkeln das hellste Licht und welches Gotteshaus hat die stärkste mystische Ausstrahlung? Der Spaziergang beantwortet diese Fragen und führt im Zickzackkurs durch das heilige Köln.

Eigentlich muss man gar nicht nach Rom fahren. Denn auch in Köln gibt es so viele Kirchen wie das Jahr Tage hat. So hieß es zumindest früher. Wie hoch die Kirchendichte tatsächlich ist, lässt diese Tour erahnen. Sie führt vom Kunibertsviertel in die Altstadt, und schon auf dieser kurzen Strecke kommt man an neun Kirchen vorbei. Drei dieser Gotteshäuser haben besonders viel Geheimnisvolles zu bieten.

Wir starten in der Kirche **St. Kunibert**, die genau über einem heidnischen Wunderbrunnen erbaut wurde: dem **Kunibertspütz**. Aus ihm, so der Volksglaube, sollen alle Kölner Kinder kommen. Denn auf seinem Grund in 17 Metern Tiefe spielt die Jungfrau Maria mit den Pänz, bis sie von ihren leiblichen Müttern aus den immergrünen Paradiesauen gerufen werden. Blieb früher ein Kinderwunsch unerfüllt, hieß es daher: „Ehr mööt ens in d'r Kunibätspütz luure jonn." Noch bis ins 19. Jahrhundert hinein trank man zu diesem Zweck einen Schluck Kuniberts-Brunnenwasser. Früher war der wundersame Quell von außen zugänglich. Heute ist er durch eine Schieferplatte, die einen Kinderreigen zeigt, abgedeckt. Diese befindet sich vor dem Hochaltar. Von der **Krypta** aus kann man aber immer noch direkt in den Brunnenschacht schauen. Wenn die Kirchenaufsicht da ist, kann man sie bitten, den Zugang zu öffnen. Es lohnt sich. Denn der fast runde Raum hat

Erzengel Gabriel (l.) und die anmutige Gottesmutter aus dem 15. Jahrhundert (r.) in St. Kunibert

Der bedeutendste romanische Fensterzyklus Deutschlands befindet sich in St. Kunibert.

eine seltsam altertümliche Ausstrahlung. Aber Achtung: Schon ein Blick in den Brunnen soll helfen!

Darüber hinaus hat St. Kunibert noch mehr zu bieten, wie die zwei steinernen Figuren der Verkündigungsszene am Eingang des Altarraums. Sie stammen von 1439 und zählen zu den schönsten mittelalterlichen Figuren, die es in Köln gibt. Auf der linken Seite schaut der anmutige **Erzengel Gabriel** mit dem spitzbübischen Gesicht auf uns herab. Seine goldenen Flügel sind so groß, dass sie sich über seinem Kopf fast berühren. Ob er damit wirklich fliegen könnte? Auf der anderen Seite bezaubert **Mutter Maria** mit dem fröhlichen Engelchen-Quintett zu ihren Füßen.

Ebenfalls berühmt sind die 800 Jahre alten Glasfenster des Chores. Sie gelten als der bedeutendste romanische Fensterzyklus Deutschlands und erzählen die Clemens- und Kuniberts-Legende und damit vom Ursprung des Kirchenbaus. Bereits im 7. Jahrhundert ließ Bischof Kunibert hier eine Kapelle einrichten. Er weihte sie dem „Wasserheiligen" Clemens, dem Schutzpatron aller Seefahrer. Der Nachfolgerbau, die romanische Kirche von 1247, wurde dem heiligen Kunibert geweiht.

Außerdem kann man direkt in der Kirche in die gläserne Heiltumskammer gucken und den kostbaren Reliquienschatz bestaunen, der einen guten Eindruck vom „hillijen" Köln gibt. Ab dem 12. Jahrhundert

Die Ursulinenbüsten sind berühmt für ihr Lächeln und ihre Grübchen.

grassierte das Reliquienfieber. Man sammelte, was ging: Zähne, Haare, Knöchelchen. Alle möglichen sterblichen Überreste. Dies festigte den Ruf Kölns als katholische Stadt – und füllte auch die Klingelbeutel. In dieser Schatzkammer fallen besonders die Reliquienbüsten auf. Darunter eine ganze Reihe von hölzernen Mädchenköpfen, die sterbliche Überreste der zahlreichen Gefährtinnen der heiligen Ursula enthalten sollen. Denn als man um 1100 ein römisches Gräberfeld bei Köln ausbuddelte, erklärte man die Skelette kurzerhand zu denen der elftausend Jungfrauen der Heiligen, die der Legende nach mit ihrer Schar in Köln den Märtyrertod fand. Dank dieses „ager ursulanus“ (lat. = Ursula-Feld) kam es zu einem regelrechten „Büstenboom“, einige Reliquien gingen zunächst an St. Kunibert. Auch wenn es sich beim Inhalt der Büsten von St. Kunibert wohl meist um römische Gebeine handelt, die lächelnden Mittelalter-Mädchen sind von eigentümlicher, berührender Schönheit. Wir überqueren den Kirchvorplatz und spazieren am Haupttor der Basilika vorbei. Auf der Straße **„An der Linde“** geht es in südlicher Richtung, dann biegen wir rechts in die **Machabäerstraße** ein. Vor uns ragt ein kleiner Stadtpalast von 1869 mit schmucker restaurierter Fassadendekoration auf, der zu den ältesten erhaltenen Bürgerhäusern der Stadt gehört. Gleich kommen wir an der **Ursulinenschule** vorbei. Sie wurde 1651 als erste höhere Mädchenschule Deutschlands gegründet. Mehr

Kölner Barock: St. Mariä Himmelfahrt

als 300 Jahre lang wurden darin nur Schülerinnen unterrichtet. Hinter dem prächtigen Portal befindet sich die Ursulinenkirche, die ehemalige Klosterkirche des Ursulinenordens, die heute als Schulkirche genutzt wird. Wer sich beim Anblick nach Italien versetzt fühlt, liegt richtig. Die barocke Kirche wurde um 1710 vom venezianischen Architekten Matteo Alberti erbaut.

An der Ecke zur **Turiner Straße** fällt der Blick auf das Evangelische Gemeindehaus. Es ist die ehemalige Kreuzkirche von 1913, die inzwischen zu einer Jugendherberge umgebaut wurde. Nun verlassen wir das Kunibertsviertel, überqueren die große Straße, bleiben geradeaus und biegen dann links in den **Eigelstein** ein. Vor 2000 Jahren marschierten Legionäre auf dieser Straße nach Neuss, später wurde sie Rotlichtviertel und Hochburg des „Miljö". Dann tauchen wir in die Eisenbahnunterführung ein. Eine künstlerische Lichtinstallation überzieht die Konstruktion mit einem grünen Schimmer. Gleich hinter dem Tunnel grüßt das goldene Krönchen auf dem Kirchturm von St. Ursula. Die romanische Basilika entstand 1135 exakt auf eben jenem ager ursulanus, auf dem die Jungfrauen ihr Leben gelassen haben sollen.

Wir bleiben geradeaus, und laufen auf der **Marzellenstraße** am Generalvikariat vorbei, der erzbischöflichen Verwaltung. Dann passieren wir die imposante Fassade von **St. Mariä Himmelfahrt**, das wohl schönste

Sarkophage vor St. Andreas – Wer mag darin ruhen?

barocke Gotteshaus Kölns. Durch das schmiedeeiserne Gitter kann man einen Blick auf die üppige Innenausstattung werfen. Die Kirche aus dem 17. Jahrhundert war lange Zeit die zweitgrößte der Stadt. Nach dem Einmarsch der Franzosen 1794 wurde sie zu einem „Tempel der Vernunft" umfunktioniert und man feierte darin weltliche Feste. Heute wird sie überwiegend von der italienischen Gemeinde genutzt.
Am Kreisel wenden wir uns nach rechts und stehen vor dem alten Kaiserlichen Hauptpostamt „An den Dominikanern 2". Gleich hier überqueren wir die Straße und biegen auf der anderen Seite nach links in das Gässchen **„Andreaskloster"** ein. Unvermutet finden wir uns in einem ruhigen Innenhof wieder. Wir gehen rechts um die **Andreaskirche** herum, passieren drei steinerne Sarkophage und alte Grabtafeln. Wer mag, wirft in der Vorhalle einen Blick auf den Blutbrunnen. Über diesen soll das Blut der Gefährtinnen der heiligen Ursula geflossen sein. Lohnenswert ist auch ein Besuch der **Krypta**. Dort ruht **Albertus Magnus**. Der größte Gelehrte des mittelalterlichen Abendlands war so tief in die Geheimnisse der Natur eingedrungen, dass seine Zeitgenossen ihn für einen Zauberer hielten. Tatsächlich beschrieb er in einem seiner Bücher einen Menschen-Automaten. Und in seinem Labor im Dominikanerkloster in der Stolkgasse soll er eine Frauenfigur geschaffen haben, die auf Knopfdruck Salve sagen konnte …

Eingang zur Krypta von St. Andreas (l.), römische Wölfin vor dem Stadtmuseum (r.)

Wir überqueren die **Komödienstraße**, steigen schräg links gegenüber die Stufen hinauf und stehen dann vor einem Wohnhaus aus dem Jahr 1913. Neben der Haustür sieht man ein Marienbild und darunter die Inschrift „Ave rosa generosa salve candens lilium“. Übersetzt bedeutet sie „Sei gegrüßet, edle Rose, Heil dir, weiße Lilie". Es ist der Eingangsvers einer gesungenen spätmittelalterlichen Messe zum Fest Mariä Himmelfahrt. Überhaupt geht es in diesem Viertel sehr katholisch zu. Der Volksmund hat es **„Rotkehlchenviertel“** getauft, weil hier so viele ranghohe geistliche Würdenträger wohnen, die man am roten Krageneinsatz erkennen kann. Wer nach links schaut, wird mit dem wohl schönsten Blick auf die Domtürme belohnt, den Köln zu bieten hat. Wir gehen jedoch rechts weiter. An der Ecke befindet sich die kleine Kapelle **St. Maria ad Ortum**. Sie erinnert an das Zisterzienserinnenkloster Mariengarten und dessen Kirche, die beide 1802 der Säkularisierung zum Opfer fielen. Gegenüber der Kapelle nehmen wir die Stufen nach unten und stehen vor dem **Lysolphturm**, einem Teil der römischen Stadtmauer. Wir überqueren die Tunisstraße an der Ampel, gehen die Treppen hinauf und bleiben geradeaus. Links neben uns erhebt sich das alte wilhelminische Gerichtsgebäude. Rechts fällt das Auge auf die römische Wölfin. Dahinter sieht man das Zeughaus, das Stadtmuseum. Wir biegen links in den Appellhofplatz ein und passieren das EL-DE-Haus (s. S. 28).

Gleich rechts an der Ecke **Schwalbengasse** stoßen wir auf das unscheinbare Kirchlein **St. Maria in der Kupfergasse**. Im ruhigen Innenhof plätschert ein Marmorbrunnen. Wenn es heute in der Domstadt noch einen gelebten Ort der Volksfrömmigkeit gibt, dann hier bei der **Schwarzen Madonna**. Nie sind die Kirchenbankreihen vor ihr leer. Ob in den frühen Morgen- oder späten Abendstunden, immer wird man betende Menschen antreffen. Täglich ist die Kirche ab 6.30 Uhr geöffnet. 5000 Opferkerzen werden pro Woche vor dem Gnadenbild aufgestellt. Seit 1675 wird die schwarze Schönheit in der Kupfergasse verehrt. Die Herkunft des wundertätigen Gnadenbilds ist jedoch ungeklärt. Vermutlich stammt sie aus den Niederlanden, denn in 's-Hertogenbosch steht eine Schwester von ihr. Wahrscheinlich hatten die Ordensschwestern der Unbeschuhten Karmelitinnen sie im Gepäck, als sie von den Calvinisten aus ihrer Heimat vertrieben wurden. Zunächst wurde für die Verehrung eine Kapelle gebaut, in der sie heute noch steht. Als der Pilgerstrom jedoch zu groß wurde, errichtete man Anfang des 18. Jahrhunderts die größere, frühbarocke Kirche um sie herum.

Um die dunkle Farbe der Maria ranken sich viele Legenden. Eine erzählt, dass sie ein Feuer unversehrt überlebt habe, seitdem aber schwarz

Innig verehrt: die schwarze Madonna aus der Kupfergasse

Schwarze Madonnen

Schwarze Madonnen sind ein Phänomen, das trotz vieler Versuche nicht vollständig geklärt ist. Sie haben eine mystische Ausstrahlung und werden vermutlich gerade deswegen besonders innig verehrt. In Europa soll es rund 270 dieser dunklen Abbilder geben, Statuen wie Gemälde. Viele stammen aus Nordafrika und sie können auch ein letzter Gruß der Antike sein. Denn vielleicht schlummern in ihnen altägyptische Fruchtbarkeitsgöttinnen, die als Maria christianisiert wurden. Eine Stelle aus dem Alten Testament wird in diesem Zusammenhang immer wieder zitiert. Dort ist die Rede von einer schwarzen Königsbraut, die sagt: „schwarz bin ich, doch lieblich". Und vielleicht sind die Schwarzen Madonnen ja einfach nur wunderschön.

sei. Eine andere will wissen, dass sie die Pest aus Köln vertrieb, dafür aber über Nacht dunkel wurde. Die einfachere Erklärung ist: Sie wurde aus dunklem Lindenholz geschnitzt, das im Lauf der Zeit nachgedunkelt ist. Vielleicht hat der Rauch des Zweiten Weltkriegs ihr noch eine zusätzliche Patina verliehen. Denn sie wurde in letzter Sekunde vor den Flammen gerettet – und zwar in der Nacht auf den 31. Mai 1942. Köln erlebte an jenem Samstag den ersten „1000 Bomberangriff". Beherzt verließ die Ordensschwester **Marzella Schui** den Luftschutzkeller, um zu retten, was zu retten ist. Entschlossen kletterte sie auf den Altar und schulterte die über einen Meter große Statue während das Pfarrhaus bereits brannte und die Glocken auf die Sakristei stürzten. Den Rest des Kriegs brachte das Gnadenbild dann im sichereren Dom zu. 1948 kehrte die Schwarze Madonna in einer Prozession zurück. Seitdem flackert der Kerzenstand wieder, tagein und tagaus. Erzählungen um ihre Wundertätigkeit gibt es viele: So konnte man früher bei schweren Erkrankungen oder problematischen Schwangerschaften eine kleine Nachbildung ausleihen und diese neben das Krankenbett stellen. Und selbst die kölschen Gauner sollen lange Votivkerzen aus reinstem Bienenwachs zu ihr gebracht haben, wenn die Polizei hinter ihnen her war. In den Maiandachten des Kriegsjahres 1943 reisten die Priesterhäftlinge im KZ Dachau in ihren Gedanken zu der Madonna. Sie selbst sieht all dies seit Jahrhunderten mit mildem Blick aus einem sehr menschlichen, schönen Gesicht.

Wir verlassen die Kirche, überqueren die Straße und folgen der **Kupfergasse**. Auf der linken Straßenseite erblicken wir eine historische Fassadenreihe, die in ihrer Geschlossenheit in der Innenstadt eine Seltenheit ist. So sahen viele Altstadtstraßen Kölns im 19. Jahrhundert aus. Wir gehen weiter über die Kupfer- und die Röhrergasse und überqueren die Turinstraße linker Hand auf der Fußgängerbrücke, die sich eng an das große WDR-Gebäude presst. Auf der anderen Straßenseite folgen wir für wenige Meter der Straße **„An der Rechtsschule"**, biegen dann rechts in die **Drususgasse** ab. Hier wählen wir die linke Seite, um im Schatten der **Minoritenkirche** unter alten Bäumen zu spazieren. Sie hat übrigens einen so kleinen Turm, da die Minoriten als Bettelorden gegründet wurden, der jeden Prunk ablehnte. Wir passieren ein Relikt der römischen Wasserleitung, zwei steinerne Sarkophage und das Denkmal des Sozialreformers Adolph Kolping, der in der Kirche bestattet ist, sowie das Duns-Scotus-Portal, in dem sechs Zentner Bronze verarbeitet wurden. Dann biegen wir links in die Minoritenstraße ein und laufen geradeaus

Heute fast vergessen: der heilige Eliphius (l.), zweiter Patron von Groß St. Martin (r.)

in die Fußgängerzone. Wir überqueren die **Hohe Straße** und biegen gleich danach rechts in die **Marspfortengasse** ab. Wer nun Tortenhunger verspürt, geht am **Jupp-Schmitz-Plätzchen** vorbei zum alten **Café Jansen** (jetzt Fassbender). Ein Erlebnis! Die Traditionskonditorei wurde 1850 gegründet. Sie gehörte damals zu den großen Kaffeehäusern Europas. Nach dem Krieg wurde das Café im Stil der 1950er Jahre neu aufgebaut. Seitdem bietet es eine fast unveränderte Kulisse aus der Zeit des deutschen Wirtschaftswunders.

Nun laufen wir zum Jupp-Schmitz-Plätzchen zurück. Dieses ist dem Kölner Karnevalssänger gewidmet, der den Ohrwurm „Am Aschermittwoch ist alles vorbei" komponierte. Wir überqueren das Plätzchen, gehen durch das Tor „An Farina" und stehen im Innenhof vor dem Frauenbrunnen (siehe Seite 26), der Kölnerinnen im Wandel der Geschichte zeigt. Danach überqueren wir die Straße **„Unter Goldschmied"** und laufen auf das alte Rathaus zu. Hier nehmen wir an der linken Seite die Stufen nach unten, überqueren den **Alter Markt** und gehen geradeaus durch das Portal „Martinspförtchen" nach **Groß St. Martin**. Der wuchtige Vierlingsturm aus dem 12. Jahrhundert ist Kölns ältestes Wahrzeichen. Er dominierte sechs Jahrhunderte das Altstadtpanorama,

Groß St. Martin: Die Stille der Kirche und das Bodenmosaik laden zum Meditieren ein.

bevor der Dom über ihn hinauswuchs. Aber vor allem beeindruckt die einstige Benediktinerabtei in ihrem Inneren, und zwar durch ihre gewaltige, raue Schlichtheit. Die fast nackten Wände aus milchig-grauem Tuffstein, die schnörkellosen Holzstühle und die wenigen Statuen betonen die immense Größe und Erhabenheit des romanischen Baus, der fast nur aus einströmendem Licht und Stein zu bestehen scheint.

Rund um den Altar liegt ein **Bodenmosaik**, das zum Meditieren einlädt. Es wurde 1884/85 von **August Essenwein**, dem Direktor des Germanischen Museums in Nürnberg, entworfen. Die quadratischen Mosaike stellen die acht Seligpreisungen aus der Bergpredigt dar. Übersetzt bedeuten die lateinischen Worte: Selig, die arm sind vor Gott. Selig die Trauernden. Selig, die keine Gewalt anwenden. Selig, die hungern und nach Gerechtigkeit dürsten. Selig die Barmherzigen. Selig, die ein reines Herz haben. Selig, die Frieden stiften und selig, die um der Gerechtigkeit willen verfolgt werden. Für viele Menschen sind dies die berührendsten und tröstlichsten Botschaften der Bibel. Einen spannenden Einblick in die Geschichte bietet das Souterrain der Kirche. Unter der Betondecke befinden sich römische Ausgrabungen, die während der Öffnungszeiten der Kirche besichtigt werden können. Vor 2000 Jahren stand dort ein römisches Fitnesscenter für Legionäre. Noch heute sind die Reste eines Schwimmbads erhalten.

SERVICE

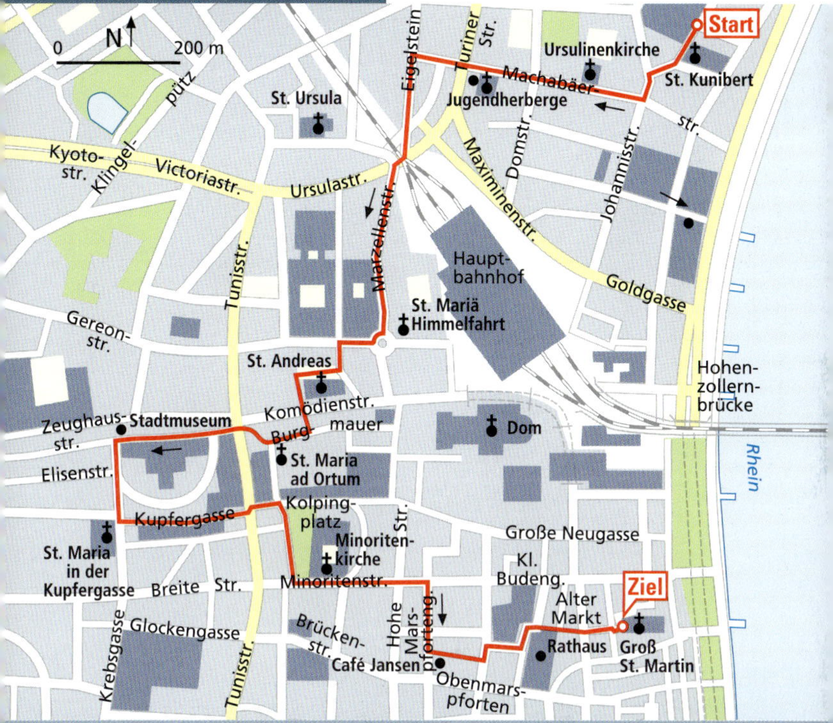

WO: Start der Tour an St. Kunibert, Kunibertsklostergasse 2, 50668 Köln
HINKOMMEN: Stadtbahnlinien 12,15,16 und 18, Haltestelle Ebertplatz
PARKEN: am Theodor-Heuss-Ring
ANSCHAUEN: St. Kunibert, www.st-kunibert-koeln.de.
Geöffnet: Mo–Sa 10–13 Uhr, 15–18 Uhr, So 15–18 Uhr.

Grablegung von Meister Tilman in Groß St. Martin

Wallfahrtskirche St. Maria in der Kupfergasse,
Schwalbengasse 1, 50667 Köln,
www.kupfergasse.de.
Geöffnet: 6.30–19.30 Uhr.
Groß St. Martin,
An Groß St. Martin, 50667 Köln.
Geöffnet: Di–Sa 9–19.30 Uhr, So 13–19.15 Uhr, Gruppenführungen nach Absprache,
Ausgrabung: 50 Cent Eintritt
LECKER: Café Jansen (Fassbender), Obenmarspforten 7, 50667 Köln,
Tel. 0221-2 72 73 90.
Geöffnet: Mo–Fr 9–18.30 Uhr, Sa 9–19 Uhr, So 11–18 Uhr

Von der *City* bis in die *Südstadt*

Auf der Via Sacra

Mehr als 2000 Jahre Geschichte umwehen den Spaziergänger auf diesem Rundgang durch das Rom des Nordens. Die Tour führt entlang der südlichen Via Sacra – dem geplanten Pilgerweg, der sieben romanische Kirchen verbinden soll – von St. Maria im Kapitol über St. Severin nach St. Pantaleon. Dabei begegnet man einem Apfelwunder, einem Regenmacher und kommt durch zahlreiche stille Winkel des kölschen Kosmos.

Vorbei an steinernen Löwen betreten wir **St. Maria im Kapitol** – und damit uralten, kultischen Boden. Denn die größte romanische Kirche Kölns steht auf den Fundamenten eines antiken Tempels, der mit seinen 17 Meter hohen Säulen ebenfalls der größte der einstigen Colonia war. In ihm beteten schon die Römer zu ihren drei wichtigsten Göttern: Jupiter, Juno und Minerva, der kapitolinischen Trias. Deswegen lautet der Beiname der Kirche „Kapitol". Einige antike Teile wurden in den späteren Bau integriert, wie die riesigen Tuffsteinblöcke, die das Kirchenschiff stützen.

Zunächst besuchen wir im linken Seitenschiff Heinrich Bölls **„Erdmutter"**. Es ist eine Madonna, die er, wie er schrieb „sehr liebte … eine ganz alte, hässliche, fast noch Erdmutter". Tatsächlich wirkt die rund 800 Jahre alte, stark verwitterte Statue sehr archaisch. Sie erinnert an heidnische Göttinnen und Fruchtbarkeitsmythen. Dann kommen wir zum Sarkophag der **Plectrudis.** Die Gattin des kaiserlichen Verwalters des Frankenreichs war einst die mächtigste Frau im Land. Um 690 soll sie auf den Tempelruinen hier eine erste christliche Kirche gegründet haben. Wir gehen weiter zum Chor. Er wurde rund 400 Jahre später von einer anderen einflussreichen Frau errichtet: Äbtissin Ida initiierte den Neubau der Kirche und beauftragte dabei auch den für die damalige Zeit innovativen Kleeblattchor, der die Abmessungen der Geburtska-

Madonna, um 1200 – Bölls „Erdmutter"

In St. Maria im Kapitol: Apfelmadonna (l.) und Leidensmann (r.)

pelle im Heiligen Land hat. Das machte Köln zu einem Bethlehem am Rhein. Im linken Kleeblatt steht eine wundersame Madonna vor der immer frische Äpfel liegen. Der Brauch geht auf den **heiligen Hermann Joseph** zurück. Der Legende nach schenkte er als Kind jeden Tag auf dem Weg zur Schule seinen Pausenapfel dem Jesusknaben. Eines Tages beugte sich Jesus zu ihm herunter und ergriff den Apfel.
Bald darauf stehen wir vor einem Gabelkreuz. Es zeigt einen Jesus, dem man die Schrecken der Folterungen wirklich ansieht. Das Gesicht ist schmerzverzerrt, der Blick gebrochen, der Körper mit Wundmalen übersät. Das Kruzifix ist ein rund 700 Jahre altes Crucificus dolorosus und atmet den Geist seiner Zeit. Damals stürzten sich die Menschen inbrünstig in die Passion Christi und geißelten sich, um das Leiden am eigenen Leib zu erleben. Das Kölner Exemplar ist vielleicht das intensivste von allen.
Wir erreichen nun den Eingang zur dreischiffigen **Krypta** (den Schlüssel gibt's beim Kirchenempfang). Der Abstieg in das Gewölbe lohnt sich. Nach Speyer ist diese Krypta die größte Deutschlands und mit ihren tonnenschweren Säulen und romanischen Rundbögen auch eine der schönsten. Beeindruckend in der Kirche ist auch der **Renaissancelettner** aus weißem und schwarzem Marmor. Er wirkt sehr wuchtig, was nicht

beabsichtigt war. 1524 wurde er von zwei Kölner Familien gestiftet und in Mechelen hergestellt. Doch das damals verwendete Fußmaß war in Mechelen und Köln unterschiedlich lang – und so wurde er größer.
Nun betreten wir das rechte Seitenschiff, in dem der Sarkophag der **Äbtissin Ida** steht. An der Stirnwand fällt der Blick auf die romanische Bildertür von 1060. Auf den Eichenbohlen sind 25 Reliefs aus dem Leben Jesus zu sehen, eins ging verloren. Sie ist das einstige Haupttor, das – geschützt durch die Vorhalle – 900 Jahre die Kirche verschloss. Erst in den 1930er Jahren wurde die prächtige Pforte abmontiert. Früher waren die Türflügel leuchtend bunt. Gegenüber befindet sich ein Kuriosum, ein Walheiligtum (s. S. 70). Zum Abschluss schlendern wir durch den **Kreuzgang**. Darüber befanden sich früher die Klausuren der Nonnen. Heute leben in den Wohnungen Jugendliche, betreut von der katholischen Stiftung „Die gute Hand".

Mitten in der Stadt: Kreuzgang von St. Maria im Kapitol

Nun geht es links in die Kasinostraße, dann links über den Marienplatz. Neben der Kirchenmauer laufen wir zum **Dreikönigspförtchen**, durch das 1164 die Gebeine der Heiligen Drei Könige (s. S. 160) nach Köln eingezogen sein sollen, denn man hat sie zunächst in St. Maria im Kapitol aufbewahrt. 1310 wich das romanische Tor einem gotischen. Vom Spitzbogen zur Kirchenseite grüßen Kaspar, Melchior, Balthasar sowie Maria und Jesus. Die Figuren waren einst farbig, der Hintergrund mitternachtsblau mit goldenen Sternen. Tatsächlich ist nicht bekannt, durch welches Tor das Trio wirklich nach Köln kam. Seit rund 200 Jahren glaubt man aber, es sei dieses gewesen und wahrscheinlich ist das Dreikönigspförtchen deswegen erhalten geblieben.
Wir treten hindurch, überqueren den **Lichhof**, den „Leichenhof", also Friedhof der Nonnen, und steigen rechts die Treppe hinunter zur Plectrudengasse. An der Straße **„Am Malzbüchel"** halten wir uns rechts und laufen zur Hausnummer 1. Dort befindet sich in zehn Metern Tiefe das **Ubiermonument** aus der Römerzeit. Der quadratische Klotz aus dicken Tuffsteinblöcken ist Kölns ältestes Bauwerk und diente

vielleicht als Hafenturm. Wir überqueren die verkehrsumtoste Kreuzung und tauchen in die Mathiasstraße ein. Dann biegen wir rechts in die **Georgstraße** ab, die uns zur Kirche **St. Georg** bringt. Im Vorraum der gedrungen wirkenden Säulenbasilika hängen unzählige Dankesstafeln an den heiligen Judas Thaddäus. Wer mag, rastet kurz im ruhigen Innenhof, einem kleinen Friedhof. Nun gehen wir links in die Severinstraße. Wir überqueren den Waidmarkt, wo das Kölner Stadtarchiv 2009 in einem Krater versank. Vor uns sehen wir den Turm von **St. Johann Baptis**t. Bereits 2004 geriet er als „Schiefer Turm von Köln" in die Schlagzeilen, weil er sich aufgrund von Bauarbeiten am Tunnel der U-Bahn urplötzlich zur Seite neigte.

Gleich hinter der Brücke, unter welcher der Verkehr auf die Severinsbrücke braust, biegen wir links in die **Spielmannsgasse** ein. Unübersehbar ist die wuchtige Statue des Mannes, der der südlichen Altstadt seinen Namen gab. Der **heilige Severin** ist im wahrsten Sinne des Wortes legendär, denn man weiß fast nichts über ihn. Halbwegs sicher ist nur, dass er der dritte Bischof Kölns war und im 4. Jahrhundert lebte. Seit dem Bau der Severinsbrücke 1964 hält er seine Hand schützend über die Fahrbahn.

Am Ende der Gasse biegen wir rechts in die **Arnold-von-Siegen-Straße** ein. An der Ecke sehen wir den runden Turm von **St. Gregorius im Elend** aufragen. Wir biegen rechts in **„An St. Katharinen"** ein und gehen durch das schmiedeeiserne Tor auf den Kirchhof. Die Kirche ist meist geschlossen, aber das Spektakulärste ist von außen zu sehen: der

Der heilige Severin wacht über die Fahrbahn.

„Triumph des Todes“, das gruselige Relief über dem Portal. Aus luftiger Höhe schaut der Tod aus leeren Augenhöhlen auf die Menschen herab. Auf seinem Schädel trägt er die Papstkrone und thront siegreich auf einem Sarg. Dies und der Name der Kirche weisen auf die Vergangenheit des Ortes hin. Das Katharinengässchen hieß früher „im Elend“. Denn hier befand sich seit dem 14. Jahrhundert der „Elendfreythod“. Dabei war mit dem Begriff e-lend, ali-lenti gemeint, was „aus einem anderen Land“ bedeutet. Man hat hier Fremde, aber auch Ehrlose, die im Gefängnis starben sowie Selbstmörder und Hingerichtete verscharrt. Ab dem 16. Jahrhundert kamen die „Unkatholischen“, die Protestanten, dazu. Dieser würdelose Tod missfiel **Jakob de Groote**. Seine katholische Familie war selbst um 1580 aus den protestantischen Niederlanden geflohen und in der Domstadt zu hohen Ehren gelangt. Außerdem soll er mit eigenen Augen gesehen haben, wie ein Hund an den Knochen eines kurz zuvor Beerdigten nagte. Daraufhin ließ er um 1675 das offene Gräberfeld mit einer Mauer umgeben. 1771 stiftete sein Nachfahre Franz Jakob von Groote, damaliger Bürgermeister von Köln, den Bau der barocken Backsteinkirche. Dessen Frau Maria wiederum machte diesen Ort durch eine ganz und gar lebendige Geschichte unvergesslich. Sie begegnete im Karneval 1760 Casanova. In seinen Memoiren erzählt der große Verführer, wie er sich im Beichtstuhl dieser Kapelle einschließen ließ. Sechs geschlagene Stunden wartete er dort auf „Mimi“, bis diese ihn durch einen Verbindungsgang in das Nachbarhaus einließ. Bis heute befindet sich die Kirche als einziges Kölner Gotteshaus im

Furchteinflößend: der „Triumph des Todes“ am Portal von St. Gregorius im Elend

Privatbesitz der Familie. An die „elendige" Begräbnisstätte erinnern nur noch wenige Grabsteine. 1963 kam das **Schönstatt-Heiligtum** hinzu. Diese katholische Bewegung wurde 1914 gegründet. Über die Welt verstreut gibt es fast 200 solcher Kapellchen. Betritt man dieses hier, bleibt die Welt draußen – man könnte sich gut vorstellen, dass das Kirchlein tief im dunklen Wald liegt …
Jetzt biegen wir links in die **Achterstraße** ein und spazieren auf den Kirchturm von **St. Severin** zu. Wir überqueren den Platz **„An der Eiche"**, der von einladenden Lokalen gesäumt wird und tauchen geradeaus in die Straße **„Severinskloster"** ein. Wir kommen an einem Gärtchen vorbei und stehen dann vor dem Dom der Südstadt. In diesem befand sich früher das einzige **Bodenlabyrinth** in einer deutschen Kirche.

Nachbildung des einzigen mittelalterlichen Bodenlabyrinths von Deutschland

Der lange Weg zur Mitte symbolisiert seit Jahrtausenden den Lebensweg. Man wähnt sich dem Ziel nahe, doch erst viele verschlungene Umwege führen wirklich dorthin. Solche Bodenlabyrinthe sind aus den Kathedralen von Chartres und Amiens bekannt. Wer sich die Pilgerreise ins Heilige Land im Mittelalter nicht leisten konnte, begab sich wenigstens in einem solchen Irrgarten auf eine spirituelle Reise. Das Labyrinth von St. Severin wurde im 12./13. Jahrhundert in der Mitte des Kirchenschiffs verlegt, ist jedoch nicht mehr erhalten. Seit 1970 ist der Irrgarten aber auf dem Kirchvorplatz vor dem Hauptportal mit weißen und schwarzen Pflastersteinen nachgezeichnet. Das Muster ist achteckig und hat die klassischen elf Umgänge. Die Elf steht für die Unvollkommenheit des Menschen. Vollkommen wäre die heilige Zahl Zwölf, die Anzahl der Apostel. Für manche Menschen zählt dieser Platz zu den sogenannten „Kraftorten", denn er soll genau auf einer Ley-Line liegen. Entlang dieser „heiligen Linien" reihen sich Landmarken wie Menhire und Kultstätten aneinander. Im Erzbischöflichen Diözesanmuseum Köln befindet sich zudem ein Fragment, das wahrscheinlich zum mittelalterlichen Labyrinth gehörte. Es ist eine weiße Marmorplatte, die den Kampf von Theseus mit dem Minotaurus zeigt, der in dem sagenhaften kretischen Labyrinth lebte. Vermutlich ist die Platte aber noch älter und stammt ursprünglich von einem römischen Grab, das nur ein paar Meter tiefer lag. Denn auch St. Severin hat eine lange Vergangenheit. Die Kirche ruht auf einem römisch-frühchristlichen Gräberfeld. Die heutige Severinstraße war die römische Heerstraße Richtung Bonn. Und wie damals üblich, wurden wichtige Leute entlang großer Straßen bestattet. Inmitten dieses Totenackers stand ab dem 4. Jahrhundert ein Memorialbau, ein kleiner Saal mit halbrunder Apsis. Der Legende nach war es eine **„cella memoria"** für den heiligen Severin, dessen Gebeine allerdings in Frankreich aufbewahrt wurden. Als es in Köln drei Jahre nicht regnete, träumte ein Geistlicher, dass man seine sterblichen Überreste heimholen solle. Man konnte den Franzosen den halben Severin abschwatzen – und als dieser kurz vor den Toren der Stadt war, begann es wie aus Kübeln zu schütten. Bis heute wird Severin als Patron für Regen verehrt. 1819 bettete man ihn in einen Goldschrein um, der 1999 bei einer Prozession wieder in einen Regenschauer geriet …Um nachzuschauen, ob er aufgeweicht war, wurde der Schrein geöffnet und man fand eine archäologische Wunderkiste. Zum Vorschein kamen menschliche Knochen, die tatsächlich

Auf römischen Gräbern gebaut: St. Severin

1600 Jahre alt waren, farbige Seidentücher und Skelette von Mäusen, die sich im Laufe der Jahrhunderte in den Schrein verirrt hatten. Die Nager hatten sich allerdings erst vor 1000 Jahren in den Holzschrein verirrt. Einen Bogen der mehr als 1600 Jahre alten Urkapelle kann man noch heute im Untergeschoss bestaunen. Dort befindet sich auf mehr als 400 Quadratmetern zudem das spektakulärste Ausgrabungsgelände Kölns, das im Rahmen von Führungen zu besichtigen ist. Es bietet einen Rundgang durch viele Jahrhunderte Bestattungskultur. Hier wurden die Reste eines zweistöckigen römischen Mausoleums gefunden sowie zwei Merowinger-Gräber. In einem hat man eine mit viel Schmuck bestattete Tote entdeckt. Es wurde als **„Grab der reichen Frau“** bekannt. Das andere wird das **„Grab des Sängers“** genannt. Es enthielt golddurchwirkte Textilien sowie eine Leier aus der Zeit um 700.

Im Herzen der Südstadt: Severinstorburg und Schokoladenmädchen

Wir überqueren den Severinskirchplatz und schauen beim kessen **Schokoladenmädchen** vorbei. Die Statue erinnert an die Frauen, die um 1900 in der Schokoladenfabrik Stollwerck gearbeitet haben. Anschließend gehen wir links in die **Severinstraße**. Bald taucht die barocke Fassade von **Haus Balchem** aus dem Jahr 1676 auf, das einst ein Brauhaus war. Wir laufen auf die Severinstorburg zu und biegen rechts in den **Kartäuserwall** ein. Dann geht es rechts in den **Kartäuserhof** und links in die

Kartäusergasse. Wir spazieren an der Mauer entlang, deren runde, schwarze Steine ihr hohes Alter verraten und kommen zur Kartäuserkirche. Wie die Straßennamen erahnen lassen, umrunden wir das große Areal der **Kölner Kartause**, das Kloster des Kartäuserordens. Dieses wurde 1334 zwischen Kappesfeldern gegründet. Innerhalb der Mauern gab es Gemüse-, Obst-, Kräuter-, und Weingärten für die vegetarisch lebenden Brüder. Heute wird das Gelände von der evangelischen Kirche genutzt. Bei der Kartäuserkirche gehen wir in den Innenhof, der manch verträumten Winkel bietet. Das malerische Gebäude geradeaus ist das alte Pfarrhaus. Davor geht ein fragmentarisch erhaltener, kleiner Kreuzgang ab. Er wird „das kleine Galiläa" genannt und umschließt ein stilles Rasenviereck. In der Mitte verströmt ein Wasserbecken in Kleeblattform meditative Ruhe. Dann folgen wir der Kartäusergasse nach links und kommen am Eingangsportal der Kartause vorbei. Anschließend überqueren wir die **Ulrichgasse**, werfen aber an der Ampel noch einen Blick zurück. Genau in unserem Rücken trauert eine Pieta in der Klostermauer. Auf der anderen Seite folgen wir geradeaus dem Verlauf der Straße **„Vor den Siebenburgen"**. Rechts taucht die barocke Fassade der Kirche **St. Maria vom Frieden** auf, die 1716 vollendete Klosterkirche des Karmeliterordens. Ein Stolperstein erinnert an **Edith Stein**. Die Jüdin konvertierte zum Christentum und lebte von 1933 bis 1938 in Köln in diesem Orden.

Eingangsportal der Kölner Kartause

Bald sehen wir vor uns die Kirche **St. Pantaleon** auf dem Hügel aufragen und schlüpfen durch das Tor in der Mauer. Das Gotteshaus wurde auf den Ruinen einer römischen Villa erbaut, deren Reste in der **Krypta** mit einer Führung zu besichtigen sind. In der ehemaligen Benediktinerabtei ruht seit über 1000 Jahren eine byzantinische Prinzessin: **Theophanu**. Sie wurde um 960 in Konstantinopel geboren. Mit zwölf Jahren hat man sie mit Kaiser Otto II. vermählt, um das westliche und östliche Kaiserreich miteinander zu verbinden. Das „Friedenspfand" wurde eine der mächtigsten Frauen des Abendlandes. „Die Griechin", wie man sie etwas spöttisch nannte, war alles andere als ein feines Prinzesschen. Sie stieg aufs

Liegt versteckt: der Kreuzgang von St. Pantaleon (l.), letzte Ruhestätte einer byzantinischen Prinzessin (r.)

Pferd, denn damals wurden die Reiche vom Pferderücken aus verwaltet, und regierte an der Seite ihres Mannes. Als er starb, herrschte sie sieben Jahre allein über das große Heilige Römische Reich. St. Pantaleon gehörte zu ihren Lieblingsplätzen. Denn dort ruhten schon damals die Reliquien des **heiligen Pantaleon**, ein antiker Heiler, Arzt und christlicher Märtyrer, der aus ihrer Heimat stammte. In seiner Nähe wollte sie auch zur ewigen Ruhe gebettet werden. 991 schloss sie für immer die Augen, auf dem Gipfel ihrer Macht. 1962 wurden ihre sterblichen Überreste in einen Sarkophag aus griechischem Marmor umgebettet.
Neben dem weißen Schneewittchen-Sarg ist das Bezauberndste an diesem, unseren letzten Stopp, der **Park**. Die Kirche ist von einer hohen Mauer eingerahmt, sie liegt auf einem Hügel umgeben von einem kleinen Park und ist eine wahre Oase der Ruhe. Tipp: Wer eine noch ruhigere Ecke sucht, spaziert in den **Innenhof** des Pantaleonsklosters. Ein überwachsener Kopfsteinpflasterweg führt über die Wiese zu wuchtigen Steinsärgen, daneben befinden sich einige Arkaden des alten ottonischen Kreuzgangs. Die Fragmente des Kreuzgangs wurden erst nach dem Zweiten Weltkrieg entdeckt und sind die ältesten in Deutschland. Ob einst auch Theophanu zwischen diesen Säulen wandelte?

SERVICE

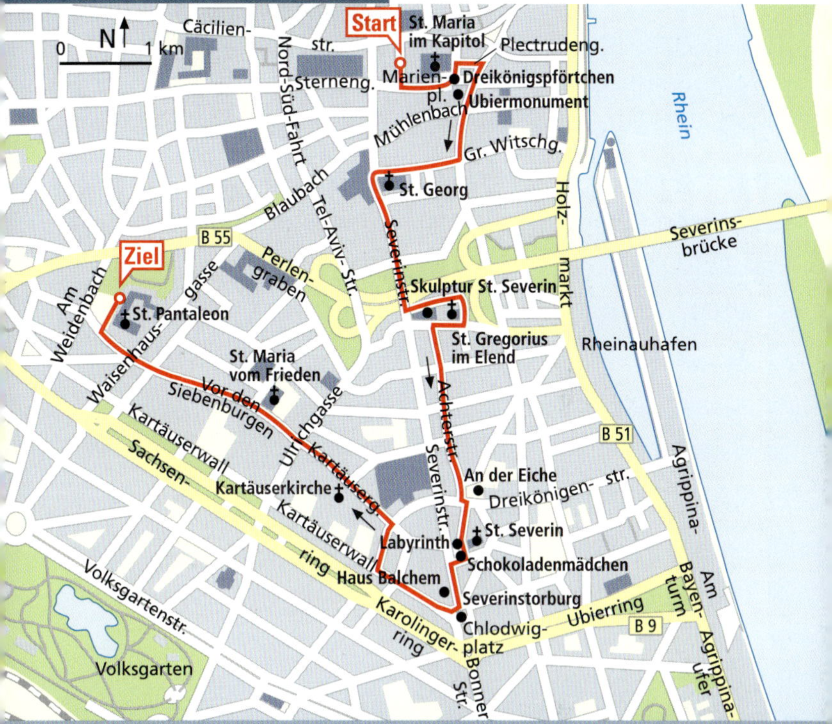

WO: Start der Tour an St. Maria im Kapitol, Kasinostraße 6, 50676 Köln

HINKOMMEN: Stadtbahnlinien 1, 5, 7 und 9, Haltestelle Heumarkt

PARKEN: Parkmöglichkeiten am Startpunkt sind rar, deshalb empfiehlt sich eine Anreise mit dem ÖPNV.

ANSCHAUEN: St. Maria im Kapitol (Adresse s.o.), Tel. 0221-21 46 15, www.maria-im-kapitol.de. Geöffnet: Mo–Sa 10–18 Uhr, So 13–18 Uhr, Führungen nach Absprache mit dem Pfarramt.
St. Severin, Im Ferkulum 29, 50678 Köln, Tel. 0221-93 18 42 0, www.sankt-severin.de. Die Kirche ist wegen Renovierung geschlossen, die Wiedereröffnung ist für Dezember 2016 geplant. Führungen durch die Ausgrabungen finden trotz Renovierung statt.
St. Pantaleon, Am Pantaleonsberg 10a, 50676 Köln, Tel. 0221-31 66 55, www.sankt-pantaleon.de. Geöffnet: Mo–Sa 9–17 Uhr, So 12–17 Uhr

LECKER: Haus Müller, Achterstraße 2, An der Eiche, 50678 Köln, Tel. 0221-9 32 10 86, www.hausmüller.net. Geöffnet: Mo–Sa ab 17 Uhr, So ab 13 Uhr

Der alte *jüdische Friedhof* in *Deutz*

Ein ewiger Ort

Es ist ein seltsam wildromantischer Ort: der alte jüdische Friedhof in Deutz. Manche Gräber stehen schief, andere sind verwittert und von Efeu umrankt. Dazwischen flattern Schmetterlinge und Wildblumen wogen im Wind. Ein Biotop mitten in der Stadt – und eine bewegende Reise durch die jüdische Geschichte der Stadt.

Nebenan tobt das pralle Leben, vor allem in der großen Pause. Denn der **jüdische Friedhof Deutz** liegt in unmittelbarer Nachbarschaft einer Schule. Doch hinter seinen Mauern beginnt eine ganz eigene, wunderbar stille Welt. Der Blick fällt auf verwitterte Grabsteine, auf die sich sanft der Farn gelegt hat. Dazwischen wogen Glockenblumen im Wind. Die blühende Pracht wird von Gärtner Erich Reichart über den ganzen Friedhof verstreut. Der Rasenmäher ist ihm ein Graus, lieber geht er mit der Sense durch die schmalen Wege – dann wachsen die Wildblumen besser. Denn anders als ein christlicher Friedhof, dessen Gräber meist nach einigen Jahrzehnten geräumt werden, sind jüdische für die Ewigkeit bestimmt. Und deswegen werden sie auch anders gepflegt, worüber sich die Natur freut. 17 verschiedene Schmetterlingsarten wurden hier schon gezählt, darunter der Admiral und der seltene Schwalbenschwanz. Auch der Igel hat sein Nest am Judenkirchhofsweg ebenso wie eine Fuchsfamilie.

Biotop mitten in der Großstadt

‹ Hier ruht auch der englische Infanterist Aubrey Fraser (1898–1916).

Die prächtige Stele erinnert in goldenen Lettern an Therese Oppenheim.

Wir wenden uns zunächst dem linken, älteren Teil zu. Ungefähr in der Mitte (in der zweiten Grabreihe schräg hinter der Zwillings-Riesenthuja) befindet sich das älteste Grab des Friedhofs. Hier wurde eine Frau mit dem jüdischen Namen „Breinche bas Mausche" (Breinche, Tochter des Moses), die am 14. August 1698 verstarb, beerdigt. Denn tatsächlich ist dieser Friedhof schon so alt. Anno 1695 verpachtete Erzbischof Joseph Clemens den Deutzer Juden ein Grundstück für ihre Begräbnisse, das nicht in der Reichsstadt Köln lag, sondern auf der anderen Rheinseite. Denn seit 1424 war es Juden „für alle Zeiten" verboten, in der Domstadt zu wohnen. Rund 250 Jahre später durften sie die Stadt nach wie vor nur tagsüber betreten.
Bis ins 20. Jahrhundert wuchs der älteste jüdische Friedhof Kölns auf 5500 Gräber an. Zahlreiche jüdische Bürger, die für die kulturelle und wirtschaftliche Entwicklung Kölns wichtig waren, fanden hier ihre letzte Ruhestätte. So ist einige Reihen weiter **Isaac Offenbach** begraben, der Kantor der Synagoge in der Glockengasse. Sein siebter Sohn Jakob war der berühmte Komponist **Jacques Offenbach**. Direkt gegenüber befindet sich auch das Grab von **Michael von Geldern**, ein Großonkel von Heinrich Heine. Lässt man den Blick zwischen den Grabsteinen umherschweifen, fällt er auf viele typische Motive jüdischer Grabsymbolik, wie eine Krone, die segnenden Hände, die jüdischen Löwen sowie den

Einstige Ruhestätte des Philosophen Moses Hess

Levitenkrug. Auch der Stierkopf, das Hauswappen der weitverzweigten Familie Rindskopf (so war die Frau von Isaac Offenbach eine geborene Rindskopf) ist hier häufig zu sehen. Zahlreiche Gräber haben Inschriften in hebräischer und deutscher Schrift – und die meisten liegen flach auf dem Boden. Das entspricht nicht der jüdischen Tradition, sondern hat einen ganz anderen Grund: Direkt hinter dem Friedhof unter dem grasbewachsenen Hügel befindet sich eine Lünette, ein Teil des preußischen Festungsrings. Um freies Schussfeld zu haben, durften die Grabsteine von 1859 bis 1882 nicht stehend platziert werden.

Unübersehbar ist die prächtige Stele, die in goldener Schrift auf himmelblauem Untergrund an **Therese Oppenheim** erinnert. Nach dem Tod ihres Mannes Salomon, der 1789 die Privatbank Sal. Oppenheim gründete, übernahm sie die Bankgeschäfte und wurde damit zur Topmanagerin. Unter dem dichten Grün liegen weitere Mitglieder der einflussreichen Familie, die auch die prachtvolle Synagoge in der Glockengasse (s. S. 28) erbauen ließ. Ganz in der Nähe ruht der Lithograph **David Elkan**. Der „hochsinnige Künstler", so die Inschrift, hat etliche Urkunden der Stadt gestaltet.

Jetzt wenden wir uns dem rechten, jüngeren Teil zu. Auf einigen Gräbern liegen kleine Steine, die von Besuchern jüdischer Friedhöfe traditionell als Zeichen des Gedenkens abgelegt werden. Auf dem Weg pickt ein Grünspecht Ameisen auf. In luftiger Höhe kreist der Bussard. Mitten in diesem Gräberfeld befindet sich die Ruhestätte des Philosophen und Schriftstellers **Moses Hess**. Eine abgeknickte Rose schmückt den Stein. Der Rheinländer galt als glühender Antikapitalist. Er war Mitbegründer der Rheinischen Zeitung, bei der Karl Marx als Chefredakteur arbeitete, und mit Friedrich Engels befreundet. Da er auch ein Vordenker des Zionismus war, wurden seine Gebeine 1961 nach Israel überführt. Bei seinem Grab sollte man schauen, wo man hintritt. Nicht nur wegen der Stolpergefahr: Hier blüht der breitblättrige Sumpfwurz, eine Orchideenart.

Gräber aus längst vergangenen Zeiten

Auf dem benachbarten, hinteren östlichen Gräberfeld liegen zahlreiche Gefallene des Ersten Weltkriegs. Darunter „Träger des Eisernen Kreuzes, die den Heldentod starben“ oder Soldaten, die „in Russland fürs Vaterland“ gefallen sind. Auch der englische Infanterist Aubrey Fraser fand hier seine letzte Ruhestätte. Damals meldeten sich viele Juden an die Front, da sie hofften, nach dem Sieg endgültig gleich behandelt zu werden. Stattdessen wurden sie sogar als Drückeberger verunglimpft. Um das zu überprüfen, veranlasste der Kaiser die sogenannte Judenzählung in der Armee. Als man feststellte, dass prozentual so viele Juden wie Christen gefallen waren, wurde dies jedoch nicht veröffentlicht. Nun wenden wir uns dem mittleren Abschnitt zu, der wie ein steinerner Wald aussieht. In der hinteren Ecke, ganz in der Nähe der Schrebergärten, befindet sich das außergewöhnlich schmuckvolle Grab von **Emma Mehler**, die 1918 starb. Das Fries zeigt Vögel, Lilien und Sterne auf dem Wasser. Diese fast schon ägyptisch anmutende Symbolik ist ein Anzeichen der Assimilation. Die älteren Grabsteine sind nicht so individuell und prächtig, da nach dem jüdischen Glauben im Tod alle Menschen gleich sind. Erst mit der fortschreitenden Integration beginnt man ebenso prunkvolle Grabstätten zu errichten wie die Christen. Auch Fa-

TONI VICTOR

miliengräber, die in diesem Friedhofsteil nun recht häufig sind, wurden in der jüngeren Vergangenheit immer beliebter. In der älteren jüdischen Beerdigungskultur hat man die Verstorbenen noch einzeln bestattet. Die Bäume, wie die Thuja mit ihrem Immergrün, die in der christlichen Symbolik für das ewige Leben stehen, zeugen ebenfalls von der zunehmenden Verschmelzung der Kulturen.

Ganz in der Nähe steht es ein weiteres, sehr dekoratives Grab der Eheleute **Rothschild**. Es wird geschmückt von einem riesigen Blumenbouquet aus steinernen Fliederdolden, Rosen, Lilien und Fuchsien. Wer genau hinschaut sieht, dass das große Bouquet nach rechts verrückt ist. Wahrscheinlich geschah dies aufgrund einer Bombe, die genau daneben eingeschlagen ist und der dadurch ausgelösten Druckwelle. An der Seite steht der Name des Architekten Adolf Glöcker, der das Grabmal entworfen hat. Er baute zahlreiche Villen in Köln. In diesem Gräberfeld liegt auch **David Wolffsohn**, der zweite Präsident der zionistischen Bewegung.

Im vorderen rechten Teil befindet sich noch ein sehenswertes Grab der Familie Rosenthal, das mit Freimaurer-Symbolen geschmückt ist. Genau nebenan ruht seit dem 30. Oktober 1941 Leopold Pappenheim. Seine Beerdigung war eine der letzten offiziellen, die hier stattfand. Die allerletzte Bestattung auf diesem Friedhof war 1942. Da trug man Ernst

Wildromantische Atmosphäre auf dem alten jüdischen Friedhof

Die segnenden Hände zeigen, dass der Verstorbene aus einer Priesterfamilie stammt.

Schay zu Grabe, der während der Deportation am 1. März 1942 verstorben ist. Sein Grab ist unauffindbar.
Wir verlassen den Friedhof mit einem letzten Blick auf die Grabreihen. Alle Grabsteine sind, wie bei jüdischen Friedhöfen in Europa traditionell üblich, nach Süd-Osten (Jerusalem) ausgerichtet. Eigentlich müsste auch der Eingang in dieser Richtung liegen, was er früher auch tat. Doch er wurde auf die gegenüberliegende Seite verlegt, vermutlich erst nach 1945.

SERVICE

WO: Jüdischer Friedhof Köln-Deutz, Judenkirchhofsweg, 50679 Köln
GEÖFFNET: Der Friedhof kann nach Rücksprache mit der Friedhofsverwaltung der Synagogen-Gemeinde Köln besichtigt werden. Tel. 0221-50 81 19, www.sgk.de. Anmeldung zu Gruppenführungen unter Tel. 0221-7 16 62-0.
HINKOMMEN: Stadtbahnlinie 7, Haltestelle Drehbrücke
PARKEN: am Judenkirchhofsweg (unter der Woche wegen Schulbetrieb sehr voll)
LECKER: Brauhaus ohne Namen, Mathildenstraße 42, 50679 Köln, Tel. 0221-81 26 80, Mo–Fr 16–24 Uhr, Sa/So 11.30–24 Uhr.
Mongos, Ottoplatz 1, 50679 Köln, Tel. 0221-9 89 38 10, www.mongos.de. Geöffnet: So–Do 12–00 Uhr, Fr/Sa 12–1 Uhr
HINWEIS: Man darf zwischen den Gräber rumstromern, muss aber aufpassen, um nicht zu stolpern. Männliche Besucher werden gebeten, eine Kopfbedeckung zu tragen.

Melaten
einmal anders

Der „heilige“ Ort und seine illustre Gesellschaft

„Sacer Locus“, der heilige Ort, steht in goldenen Lettern über dem Tor von Melaten. Rund 300.000 Tote liegen auf dem Kölner Zentralfriedhof begraben. Manche Gräber wirken ganz friedlich, andere sind so verfallen, dass man in der Abenddämmerung meinen könnte, gleich Graf Dracula dort anzutreffen. Dieser Rundgang führt zu Grabstätten mit schaurig-schöner Atmosphäre und zu solchen, die von Mystikern „bewohnt“ werden.

„Transi Non Sine Votis Mox Noster“ mahnen die Worte an der Friedhofsmauer. „Geh nicht vorüber ohne fromme Gebete, Du, bald der Unsrige“. Wer von uns Lebendigen schon mal einen Abstecher auf die „andere Seite“ machen möchte, schlüpft durch das alte Haupttor, das gegenüber der **Aachener Straße 249** gelegen ist.
Wir schauen in die Hauptachse hinein, die uns mit dem Familiengrab von **Johann Maria Farina**, dem Erfinder des Eau de Cologne, prominent empfängt. Dieser Weg war ursprünglich die renommierteste Adresse auf Melaten. Wir folgen ihm aber nicht, sondern biegen direkt an der Mauer beim Wärterhäuschen links ab. Bald kommen wir am kuriosen Grab von August Broichschütz vorbei, einem alten, gusseisernen Ofen. Laut Inschrift hat er die meiste Zeit seines Lebens in der Kneipe neben eben diesem Ofen verbracht. Der Wirt errichtete ihm dieses Grabmal, damit er auch im Tod keine kalten Füße bekomme.

Der Kern der Kapelle stammt aus dem 13. Jahrhundert.

Wenige Schritte weiter erreichen wir die **Kapelle**. Sie ist wesentlich älter als der Friedhof, der erst 1810 eröffnet wurde. Aber der Tod hat eine längere Geschichte auf Melaten. Das Kirchlein stammt von 1245. Es gehörte zu einem Heim für Leprakranke, das bereits im 12. Jahrhundert existierte.

Auf dem Boden vor dem kleinen Gotteshaus erinnert eine **Gedenktafel** an den 31. Oktober 1944, als in der Kapelle eine Trauung stattfand. Plötzlich gab es Fliegeralarm und das Paar flüchtete mit über hundert Gästen in den Bunker, der sich hinter dem Gemäuer unter dichtem Gestrüpp befindet. Eine Bombe traf den Luftschacht, die Druckwelle tötete die ganze Hochzeitsgesellschaft.

Doch Melaten erzählt nicht nur schreckliche Geschichten. So liegt rechts in der Kurve die rührige Nonne **Maria Clementine Martin**. Die Erfinderin des Kräuterwässerchens Klosterfrau Melissengeist, das zu 79 Prozent aus Alkohol besteht, hat damit unzähligen Menschen geholfen. „Wenns vorne zwickt und hinten beißt, nimm Klosterfrau Melissengeist", heißt es im Rheinland. Seit 1843 ruht die fromme Jungunternehmerin unter dem verzierten Steinkreuz.

Hier verlassen wir den Weg, laufen an der Kapelle entlang zur Grabreihe direkt an der Friedhofsmauer. Dort befinden sich einige **Freimaurergräber**. Besonders viele mystische Symbole weist die Ruhestätte von Professor Jakob Heister auf. Er war Mathematiker sowie Naturwissenschaftler und starb 1815 (heute hat die Familie Kramm die Patenschaft für die Grabstätte übernommen). Zu sehen ist das Auge Gottes, das nach der Symbolik der Freimaurer das „Vernunftprinzip des Weltalls" repräsentiert. Darüber befindet sich eine Schlange, die sich in den Schwanz beißt: der Ouroboros, ein Ewigkeitssymbol. Der Sockel zeigt ein Quadrat, darin einen Kreis. Das Quadrat versinnbildlicht das Irdische, der Kreis die Unendlichkeit. Der Zirkel symbolisiert die umfassende Menschenliebe.

Kosmisch: Grab Jakob Heister

Entlang seiner Schenkel sind zehn Sterne angeordnet. Sie stehen für die göttlichen Kräfte, die harmonisch zusammenwirken.

Schräg links gegenüber (am Ende der rechten Grabreihe) steht der älteste Grabstein des Friedhofs. Die Vorderseite erinnert an den 1815 verstorbenen Chirurgie-Professor Paul Brach. Schaut man auf die Rückseite, sieht man seine Vorgänger: die Eheleute Bungartz. Adolph Bungartz war ein „Loh-Ampts-Meister“ – Loh ist das alte Wort für Wald – also eine Art Förstermeister. Die frische Luft scheint ihm gut bekommen zu sein. Er starb 1767 mit 84 Jahren, seine ehrsame Frau Maria folgte ihm zwei Jahre später. Der Barockstein stammt ursprünglich vom Kirchhof der Mauritiuskirche.

Dieser Grabstein ist ein „Wendestein“.

Es geht weiter geradeaus bis zum letzten Grab an der Mauer. In ihm ruht der leidenschaftliche Tulpenzüchter Joseph Becker. Er war der letzte Kartäuserpriester Kölns, sein Grabspruch lobt ihn als „Pfleger der Blumen des Mais“. Seine Grabstätte ist mittlerweile recht bevölkert. Denn in ihr hat man die eingeäscherten Körperteile von rund 30 Menschen beigesetzt, die zwischen 1995 und 2003 verstarben. Sie dienten als Beweisstücke in Gerichtsverfahren und lagerten in der Rechtsmedizin. Auch Skelette, die man bei Bauarbeiten in der Erde entdeckt, finden beim **„Tulpenkönig“** ihre letzte Ruhe. Hier folgen wir dem Trampelpfad nach rechts und stehen in der nächsten Reihe vor mehreren Gräbern, in denen ein ganzer Freundeskreis rund um die Kunst bestattet wurde. Zu ihnen gehört Friedrich Vordemberge. Der Direktor der Kölner Werkschulen wurde mit seinem Lebensmotto „malen, trinken und schön leben“ 84 Jahre alt. Seine Schüler ließ er bevorzugt Kastanienblüten malen. Als er starb, so erzählt man sich, blühten die Kastanien.

Wir spazieren nun rechts zur Ecke zum Grab des Fabrikanten Jacob Wahlen, das an einen Tempel erinnert. Hier geht‘s nach links, dann

In der dunklen Riesen-Thujaallee ruht Freiherr Albert von Thimus.

gleich wieder rechts. Jetzt laufen wir durch die dunkle Riesen-Thujaallee. Kurz vor der zweiten Kreuzung treffen wir auf das verwitterte Hochkreuz auf der Grabstätte von Freiherr Albert von Thimus. Der rheinische Politiker (1806–1878) schrieb in seiner Freizeit Bücher über esoterische Zahlenlehre. Darunter verstand er eine auf Zahlen basierende Weltformel auf der alles fußt und die alles miteinander in Verbindung setzt: Mathematik, Musik und den Lauf der Planeten. Die Matrix der Schöpfung sozusagen. Gleich danach biegen wir links ab, laufen eine Weile geradeaus und folgen dann dem ersten asphaltierten Weg nach links. Wir kommen an schönen Gruften vorbei und an einem großen Obelisk, der im alten Ägypten einen versteinerten Lichtstrahl symbolisierte.

Nun wandeln wir zu dem wohl geheimnisumwittertsten Grab von ganz Melaten. Im linken Bogen beim Hochkreuz liegt Dr. med. Franz Leuffen (1821–1900). Sein Grab verwundert viele Besucher aufgrund der rätselhaften Symbolik, die eine sehr mysteriöse Ausstrahlung hat. Man sieht ein großes Auge in einem Stern, darüber eine züngelnde Schlange und einen Zweig. Die Auflösung: Es ist das Grab eines Freimaurermeisters. Im Zentrum des Steins wurden drei Symbole zusam-

Franz Leuffen „bewohnt“ dieses rätselhafte Grab.

mengefasst. Aus der Mitte schaut uns das „Auge Gottes“ entgegen. Dahinter befinden sich zwei übereinandergelegte Dreiecke. Das heißt: Es ist zugleich ein Hexagramm und ein Venus-Pentagramm mit fünf Flammen. Dies wird von den Freimaurern als „Flammender Stern“ bezeichnet – und symbolisiert den Verstand. Darüber ist das Wort Gnosis zu lesen, was für Erkenntnis steht. Daneben rankt ein Akazienzweig, Zeichen für den Meistergrad. Auch die Schlange steht für die Weisheit. Hinter dem Busch am Sockel kommt noch eine Sphinx zum Vorschein – ein weiteres Symbol für einen Hüter des geheimen Wissens. Und sie hält einen Zirkel in der Pfote. Im „normalen“ Leben arbeitete der Verstorbene als Stadtphysikus, Sanitätsrat, Wundarzt sowie Geburtshelfer. In den 1860er Jahren soll er ein Buch über Post-mortem-Untersuchungen geschrieben haben.

Nun umrunden wir das Hochkreuz auf der anderen Seite und finden direkt daneben ein Grab aus der NS-Zeit. In ihm liegt Regierungsrat Rütger, der 1938 starb. Biegt man das Efeu am Sockel weg, erscheinen die Runenzeichen für Geburt und Tod. Wir zweigen in den Weg direkt hinter dem Hochkreuz ein und finden an der nächsten Kreuzung drei Findlinge. Hier gehen wir nach links, dann gleich wieder nach rechts.

Der alte Kolonialheld Hermann von Wissmann liegt unter dicken Platten begraben.

Im zweiten Grab rechts liegt **Hermann von Wissmann**. Das Relief zeigt einen Jüngling, der gegen einen dreiköpfigen Drachen kämpft. Die Inschrift lautet „Inveniam viam aut faciam“, was übersetzt bedeutet: „Finde ich keinen Weg, so bahne ich mir einen“ – was er zu Lebzeiten auch getan hat. Wissmann war ein deutscher Kolonialbeamter. Er drang im Auftrag des belgischen Königs als Afrikaforscher in bislang unbekannte Teile des Kontinents vor. Von 1895 bis 1896 war er Gouverneur von Deutsch-Ostafrika. Heute gilt er als einer der umstrittensten deutschen „Kolonialhelden“. Er erschoss auf seinen Safaris eigenhändig Afrikaner und soll ganze Dörfer in Brand gesetzt haben. Unter seiner Leitung erfolgte die blutige Niederschlagung des sogenannten „Araberaufstands“, bei dem sich die einheimische Bevölkerung gegen die Fremdherrschaft auflehnte. In Deutschland tragen viele Straßen seinen Namen – auch in Köln-Ehrenfeld.

Nach diesen düsteren Stopps ist es Zeit für ein bisschen melancholische Schönheit. Am Ende dieser Reihe, beim Grab von Adolph Leven, kann man die größte Bronze von Melaten bestaunen, eine Sterbeszene. Eine erstaunt schauende Frau wird von einem Todesengel mit mächtigen Schwingen abgeholt, der himmelwärts zeigt. Nun überqueren wir die Mittelachse, die wegen ihrer pompösen Gräber im Volksmund **Millionenallee** genannt wird, und bleiben geradeaus. Nach kurzer Zeit sehen wir die Ruhestätte der Eheleute Creutz, die mit Porträts die Nachwelt

Der Tod reißt die Menschen mitten aus dem Leben: Grab von Adolph Leven

grüßen. Hier sollte man einen Blick auf den Engel werfen. In seine Blütengirlande sind Mohnkapseln eingewebt. Diese findet man nicht selten bei Gräbern aus dem 19. Jahrhundert. Denn früher wuchs der Schlafmohn überall in Deutschland. Er lindert Schmerzen und symbolisiert, dass der Tod nur ein langer Schlaf ist.

Es geht weiter geradeaus, wir folgen dem Halbkreis nach rechts und sehen das Wahrzeichen von Melaten. Der **Sensenmann** erschreckt noch heute so manchen Besucher fast zu Tode. Der drei Meter hohe Gevatter Tod trägt in der einen Hand eine Sanduhr und in der anderen eine Sense. Durch sein Gewand sieht man das Gerippe durchscheinen, auch die blanken Fußknochen sind schauerlich. Das furchteinflößende Grab entstand 1902 für den Kaufmann Johann Müllemeister.

Wir folgen dem Halbkreis, biegen aber gleich rechts und dann wieder links ab. Wir laufen nun auf der Mittelachse (das erste Grab ist das von Familie J.F. Wolf) und passieren das Ehrengrab von Adolf und Frieda Fischer. Ein Monolith erinnert an das Stifterpaar des Museums für Ostasiatische Kunst. Auf Reisen trugen sie die Exponate zusammen, die bis heute den Grundstock der Sammlung bilden. Als Adolf 1914 starb, übernahm Frieda die Leitung des Museums. 1937 musste die Gründungsdirektorin ihren Posten räumen, weil sie inzwischen in zweiter Ehe mit einem Juden verheiratet war. Sie durfte das Museum nicht einmal mehr betreten und starb 1945 verarmt in Berlin.

In der Girlande sind Mohnkapseln eingewebt – Symbol für den Tod als ewiger Schlaf

Wir bleiben geradeaus. Kurz vom dem großen Rondell erscheint links das Grab des Theaterschuhmachers Theo Pauls, das eine märchenhafte Geschichte erzählt. Das schneeweiße Marmorrelief zeigt **Anna Pawlowa** als sterbenden Schwan. 1919 verlor die russische Primaballerina ihre Spitzenschuhe auf der Reise zu ihrem Auftritt in Köln. Also suchte sie den nächsten Schuhmacher auf, es war Pauls. Und der nähte ihr über Nacht ein neues Paar – und sie tanzte darin zauberhaft. Von da an ließ sie ihre Schuhe nur noch von ihm anfertigen, was die Firma Pauls zur weltberühmten Tanzschuhmanufaktur machte.
Nun biegen wir nach links in die **Millionenallee** ein. Hier kommen wir an der Grabstätte Waffenschmidt vorbei, die durch ein großes Mosaik gekennzeichnet ist. Es zeigt Jesus und seine Jünger auf dem Ölberg. Durch die Glasscheibe kann man in die Gruft hinabschauen. Es ist die alte Grabstätte der Familie Langer. Nach der Zerstörung im Zweiten Weltkrieg blieb von ihr nur die neugotische Gruft erhalten, die Platz für 24 Verstorbene bietet. Sie wurde von Fritz Waffenschmidt übernommen, dem Gründer des Elektroriesen Saturn.
Auf der anderen Seite liegt die Grabstätte Oelbermann, einst eine der reichsten Familien Kölns mit einem Palais am Hohenstaufenring. Vor allem Laura Oelbermann tat sich als großherzige Stifterin hervor und unterstützte in Not geratene Frauen und Mädchen. Geblieben ist eines der aufwendigsten Grabmäler des ganzen Friedhofs. Allerdings hat der

große Engel im Krieg seine Flügel verloren. Früher überspannten sie den Sarkophag in ganzer Länge.
Das nächste Grab zu finden, ist nicht einfach. Hierzu biegen wir in den kommenden Pfad links ein, dann in den ersten rechts und gleich wieder links. Dort gehen wir bis zur achten Grabreihe in der uns das dritte Grab interessiert. Es liegt jedoch so tief, dass man es hinter der niedrigen Buchshecke des Nachbargrabs erst sieht, wenn man direkt davor steht. Umrandet von Gras schlummert eine zierliche Frauenfigur friedlich in der Erde. Sie stellt Elisabeth Amelunxen dar, die bis ins hohe Alter gern verreiste. Die Skulptur entstand nach einem Foto, das sie in Italien zeigt, mit Schirm, Reiseführer und festen Schuhen.

Kleine Melatengeschichte

Bis zur französischen Besetzung bestatteten die Kölner ihre Toten innerhalb der Stadtmauern. Doch Bonaparte säkularisierte das Begräbnisrecht und machte die Kirchhöfe der alten Pfarr- und Klosterkirchen aus hygienischen Gründen dicht. Denn diese waren Brutstätten von Krankheiten und so überfüllt, dass es zum Himmel stank. Erst passte dies den Bürgern ganz und gar nicht. Um ihnen den neuen Gottesacker schmackhaft zu machen, wurde Melaten nach dem Vorbild des Pariser Prominentenfriedhofs Père Lachaise angelegt. Heute liest sich die Belegungsliste der besten Lagen wie ein Who is who in Köln.

Wir spazieren zurück zur Millionenallee, biegen jetzt links ab. Nun kommen wir an der neoromanischen Trauerhalle vorbei und passieren das Grabmal des Möbelfabrikanten **Jakob Pallenberg** (s. S. 55). Bereits wenige Meter danach biegen wir bei der nächsten Möglichkeit rechts ab. Es geht eine Weile geradeaus – und dann heißt es wieder aufpassen: Kurz vor dem zweiten Querweg gehen wir zwischen der Grabstätte Paul Siep und dem verwitterten Grab nach links. Nach dem dritten Grab in dieser Reihe (Familie Doege) laufen wir circa fünf Meter nach links zur nächsten Reihe. Nun stehen wir vor dem Grab von Jean Claude Antoine, den manche auch den „Schamanen von Melaten“ nennen. Der Stein erzählt seine Lebensgeschichte. Der Verstorbene wurde 1946 in Haiti geboren und kam zum Studium nach Köln. In den 1968er Jahren politisierte er sich, kämpfte engagiert für seine Heimat und für eine gerechtere Welt. Die eingemeißelten Worte auf dem Stein stammen aus dem Creole, der Sprache Haitis, und bedeuten übersetzt: „Kamerad, stehen wir auf mit Mut, nehmen wir alles, was wir brauchen, machen wir uns auf den Weg, unterwegs bleiben wir nicht stehen, vorwärts, vorwärts, die Vaksin (Musik-Instrumente aus Bambus) donnern schon.“ Das geheimnisvolle, verzierte Kreuz unter der Sonne entspringt der haitianischen Spiritualität, dem Voodoo. Man

Exotische Symbolik am Grab eines Haitianers

nennt es ein Veve, es dient als eine Art Schlüssel zur Geisterwelt.
Nun geht's zurück zum Grab der Familie Doege. Von dort aus laufen wir nach links in östlicher Richtung. Am Ende der Reihe passieren wir ein Grab mit einem Dachfirst vom Kölner Dom. Hier wenden wir uns nach rechts, dann folgen wir schräg links dem Verlauf des großen Rondells. Nach dem Grab der Familie Imhoff biegen wir rechts in den Weg ein. Nach 30 Schritten erreichen wir eine riesige Platane, den vielleicht ältesten Baum des Friedhofs. Mit ihren Wurzeln hebt sie inzwischen die mächtige Steinsäule neben sich in die Höhe. Unter dieser wurde Generalmajor von Seydlitz bestattet. Seine Offiziere setzten ihm 1832 das militärisch dekorierte Denkmal – als der Baum noch ein zarter Setzling war. Daneben liegt seit 2012 der Komödiant **Dirk Bach**. Sein Grab schmückt eine rosa Parkbank, die zu einer „Audienz beim Mäusekönig" einlädt. Wir drehen um und spazieren zurück zum Rondell. In der westlichen Biegung des Rondells (in Richtung Aachener Straße) befindet sich links unter der Eibe der älteste Originalgrabstein von Melaten. Der kleine Obelisk von 1811 erinnert an Ludwig und Adolphe de Latte, zwei Kinder, die der Scharlach hinraffte. Die Inschrift ist heute verwittert. „Die hochbetrübten Eltern setzen ihren Kindern dieses Denkmal des Schmerzes und der Liebe ..." stand darauf.
Wir gehen zurück zum Tor und folgen dann dem Weg an der Friedhofsmauer nach links. Nach 50 Metern sehen wir etwas versetzt vom Weg das Grab von Caspar Hamm. Es entstand um 1820 und stellt einen Todesgenius dar, einen Schutzgeist aus der antiken Symbolik. Denn nicht alle geflügelten Wesen sind Engel. Die drei Meter hohe Statue zeigt einen Jüngling, der sich traumverloren an eine Stele stützt. An seiner Seite lehnt die erloschene Lebensflamme. Seine Flügel sind so groß, dass sie fast den Boden berühren. Und wenn jetzt die Schatten lang geworden sind und der Friedhof vielleicht schon ein wenig verlassen, dann kann man ihn vielleicht doch hören, den Flügelschlag.

SERVICE

WO: Aachener Straße 204, 50931 Köln, Tor 2 gegenüber der Aachener Straße 249 (in der Nähe der Haltestelle Melaten), www.melatenfriedhof.de

GEÖFFNET: März 8–18 Uhr, Apr.–Sept. 7–20 Uhr, Okt. 7–19 Uhr, Nov.–Feb. 8–17 Uhr

HINKOMMEN: Stadtbahnlinien 1 und 7, Haltestelle Melaten

PARKEN: an der Piusstraße (ca. auf Höhe Hausnummer 120)

LECKER: Café Bonnen, Melatengürtel 2, 50933 Köln, Tel. 0221-54 28 07, www.cafe-bonnen.de. Geöffnet: Mo–Fr 6–18.30, Sa 7–18 Uhr, So 9–18 Uhr

TIPP: Kompetente und unterhaltsame Führungen über den Melatenfriedhof bietet Wolfgang Stöcker an: www.stoeckers-stadt.de

Todesgenius am Grab von Caspar Hamm

Unter dem *Dom*

Wo das Herz von Köln schlägt

Er zählt zu den schönsten Kathedralen der Christenheit: der Kölner Dom. Das mächtige Gotteshaus birgt aber auch zahlreiche Geheimnisse, nicht nur unter dem Dach, sondern auch unter dem Fußboden. Denn dort in der Tiefe ruhen die Reste einer noch viel älteren Kirche sowie ganze römische Wohnhäuser.

„Ich glaub, ich steh im Gold“, soll 1959 ein Arbeiter gerufen haben, als er bei frühen Ausgrabungen unter dem Dom einbrach und einen halben Meter weiter nach unten rutschte. Durch puren Zufall wurde so das Grab einer **fränkischen Fürstin** aus dem 6. Jahrhundert entdeckt. Die edle Dame war im Alter von 28 Jahren gestorben und wurde mit kostbarstem Geschmeide bestattet. Wenige Tage später erspähte man durch ein Guckloch ein weiteres unberührtes Grab. In ihm lag ein sechsjähriger Knabe, der mit Schwert und Helm zur letzten Ruhe gebettet war. Außerdem befanden sich in dem kleinen Raum ein Bett und ein Stuhl aus feinstem, gedrechseltem Holz. Die Möbel, die 1400 Jahre dort gestanden hatten, zerfielen durch die frische Luft zu Staub. Die Identität der beiden Toten ist bis heute nicht geklärt. Aber wer er-

Pforte in die Unterwelt

„Quo vadis" in Köln: Wo alles begann

Direkt neben dem Dom, östlich des Chors in Richtung Rhein, befinden sich die Reste eines sternförmigen Taufbeckens. Es gehörte wahrscheinlich zum Hof eines römischen Wohnhauses und war zunächst ein reines Zierbecken. Gegen Ende des römischen Reichs wurde es jedoch mit Sicherheit als Baptisterium genutzt. Denn man hat es mit Stufen versehen, sodass erwachsene Täuflinge dort hinein – und als Christen wieder herausschreiten konnten. Vielleicht war dieser Ort damit auch die allererste christliche Versammlungsstätte der Stadt. Unter dem Chor finden sich zudem Hinweise auf eine sehr frühe Kirche, die deutlich älter als der karolingische Dom war.

fahren möchte wer sie vielleicht waren, der sollte an einer Führung unter dem Dom teilnehmen. Und dort warten noch viel mehr spannende Dinge auf den Besucher …

Der Abstieg in die Unterwelt beginnt in einem Tunnel an dessen Ende sich eine **eiserne Pforte** öffnet. Kühle Luft weht uns entgegen, die Welt wird ganz still, denn wir befinden uns zweieinhalb Meter unter der Erde. Erster Stopp des Rundgangs sind die mächtigen **Fundamente** der beiden Türme. 17 Meter tief reichen sie in den Boden. Viel mehr, als es aus heutiger Sicht für die Statik gebraucht hätte. Aber die Menschen im Mittelalter glaubten, dass man beim Bauen „nach unten" genauso viel Material benötigt, wie beim Bauen „nach oben". Und die Türme wurden immerhin 157 Meter hoch. Mit bloßem Auge kann man sehen, dass die Machart der zwei „Füße" verschieden ist. Das Fundament des Südturms wurde zuerst errichtet. Man kennt seine Baujahre, weil tief im Gemäuer eine **Goldmünze von 1357** steckte. Ab Mitte des 14. Jahrhunderts verzögerte sich der Weiterbau. Denn die Pest hatte gerade gewütet und die Bevölkerung und somit auch die Baumeister-Gehilfen zur Hälfte ausgelöscht. Der andere „Fuß" wurde erst rund 100 Jahre später fertig und zwar in deutlich schlichterer Bauweise, was man an der gröberen Bearbeitung der Steine erkennt.

Die Besichtigungstour führt uns nun noch viel tiefer in die Geschichte. Wir stehen hier unten tatsächlich auf dem **Fußboden des alten karolingischen Doms** aus dem 9. Jahrhundert. Von diesem Vorgänger des heutigen Doms sind bis heute die Grundmauern sowie einige Böden, Flieseneinlassungen und Teile der Westapsis erhalten geblieben. Und schon diese alte, fünfschiffige Kirche war gewaltig groß und daher weltberühmt. Warum wurde überhaupt eine neue gebaut? Anlass dafür war die Ankunft eines Schatzes: die Gebeine der **Heiligen Drei Könige**. Diese hatte das Heer von Friedrich Barbarossas 1162 in Mailand erbeutet. Der Kaiser schenkte die Reliquien seinem besten Mann, dem Kanzler und Erzbischof von Köln, **Rainald von Dassel**. Eigens für die Drei aus dem Morgenland ließ man nun den berühmten goldenen Schrein anfertigen. Doch diese neue Pracht in einer alten Kirche aufstellen? Das schien nicht mehr zeitgemäß. So reifte die Idee heran, einen noch gewaltigeren Dom zu errichten – und zwar in dem modernen, aus Frankreich herüberschwappenden, gotischen Baustil.

Blick in ein fast 2000-jähriges Wohnhaus

Erzbischof **Konrad von Hochstaden** legte im 13. Jahrhundert den Grundstein dazu – und der neue Dom wurde über den alten „drübergebaut". Von dieser Übergangszeit kündet bis heute eine große **unterirdische Treppe**. Sie verband ab 1322 die noch genutzten Teile der romanischen Kirche mit dem bereits fertigen Chor des gotischen Doms. Als man später weiterbaute, versank sie im Untergrund. Beeindruckt stehen viele Besucher heute vor ihren Stufen, die nun ins Nichts führen.

Die Heiligen Drei Könige – Zauberer, Sterndeuter oder Weise?

Die drei Kronen im Kölner Stadtwappen symbolisieren sie: die Heiligen Drei Könige. Aber was weiß man eigentlich über sie? Nicht viel. Zum ersten Mal werden sie im Matthäus-Evangelium erwähnt – und zwar als „Magoi“, also Magier, die den König der Juden suchten und seinem Stern folgten. Damals verstand man unter „Magoi“ persisch-babylonische Priester, die sich mit Astronomie und Astrologie beschäftigten. Laut der Legende wurden ihre Überreste im 4. Jahrhundert im Heiligen Land gefunden und nach Mailand gebracht. 1164 kamen sie nach Köln. Die Sancta Colonia stieg dadurch neben Rom und Santiago de Compostela zum drittwichtigsten Wallfahrtsort der Welt auf. Aber liegen die drei Magier wirklich im Dom? 1864 und 1979 hat man den Schrein geöffnet und darin die Reste dreier Männer, die in antike orientalische Stoffe gehüllt sind, gefunden. Aber wer sie waren, ergab sich daraus nicht. Macht nichts. Der Mythos lebt weiter. Kinder können ihnen übrigens besonders dankbar sein. Caspar, Melchior und Balthasar brachten Jesus Gold, Myrrhe und Weihrauch. Sie haben somit die Weihnachtsgeschenke erfunden!

Doch die Führung entführt uns noch weiter zurück – in die Römerzeit. So kann man unter dem Dom antike Gullys bestaunen, Relikte einer raffinierten Fußbodenheizung, einen Brunnen aus dem 4. Jahrhundert sowie herrliche Mosaike. Doch das Zauberhafteste ist: Vom Laufsteg aus schaut man direkt in ein **römisches Zimmer** hinab, das noch einige Meter tiefer liegt und eine mit sanften Farben bemalte Wand kommt zum Vorschein. Das Kämmerchen gehörte zu einem mehrstöckigen Haus, in dem vor rund 2000 Jahren Menschen lebten. Würde man mehr von der antiken Villa ausgraben, wäre die alte Farbenpracht durch das künstliche Licht sehr schnell verblasst.

Wie viele Zeugnisse der Vergangenheit der Dom unter sich begraben hat, war lange Zeit völlig unbekannt. Dass man bislang zumindest einige seiner archäologischen Schätze gehoben hat, ist der jüngeren Vergangenheit zu verdanken. Im Zweiten Weltkrieg wurde die Innenstadt von Köln durch Luftangriffe zerstört. Der Dom schien weitgehend unbeschädigt, erzählen manche der alten Leutchen heute noch gerne. Denn von außen sah er im Vergleich zu seiner Umgebung noch ziemlich gut aus. Ein Wunder? Wohl eher Kalkül. Denn die alliierten Bomberpiloten orientierten sich bei ihren zahlreichen Versuchen, Bahnhof und Rheinbrücken zu treffen, an dem riesigen Gebäude und schonten es daher. Trotzdem bekam die Kathedrale eine Menge ab. In der unmittelbaren Nachkriegszeit war der ganze Boden der Kirche mit Schutt bedeckt. Das Dach war so stark zerstört, dass es im Winter 1945 sogar in dichten

Flocken hereinschneite. Die meisten Schäden erhielt das Bauwerk jedoch ein Jahr später, als die Amerikaner den Rhein wieder schiffbar machten. Sie sprengten die im Wasser liegenden Trümmer der Hohenzollernbrücke, und der graue Riese erbebte bis in seine Grundfesten. Deswegen wollten Statiker die Schäden an den Fundamenten prüfen. Zu ihnen gesellten sich schnell Archäologen, die die Gelegenheit beim Schopf ergriffen. Man begann also zu graben. Bald wurde klar, dass die Fundamente zwar unbeschädigt waren, aber der Untergrund sich als wahre Wundertüte entpuppte. Teile des Bodens wurden entfernt und eine Betondecke darunter gezogen. Nach und nach kam eine versunkene Welt zum Vorschein, die noch lange nicht alle ihre Geheimnisse preisgegeben hat. Gut möglich, dass unter der Kathedrale noch ein fränkischer Fürst ungestört seine ewige Ruhe genießt. Was man aber jetzt schon dort unten erkunden kann, ist – neben den archäologischen Entdeckungen – das **„Herz von Köln“**. Denn der geografische Mittelpunkt der Stadt liegt unter dem Vierungsturm. Alle Kilometerangaben auf den Straßenschildern Richtung Köln enden genau hier.

SERVICE

WO: Domkloster 4, 50667 Köln
HINKOMMEN: mit verschiedenen Stadtbahn- und S-Bahnen-Linien bis Hauptbahnhof
PARKEN: Parkmöglichkeiten am Startpunkt sind rar, deshalb empfiehlt sich eine Anreise mit dem ÖPNV.
MEHR ERFAHREN: Führungen durch die Ausgrabung veranstaltet die Dombauverwaltung.
Dauer: circa 1,5 Stunden.
Die Teilnahme ist erst ab einem Mindestalter von 16 Jahren möglich. Ohne Voranmeldung gelten folgende Termine: Mo, Mi, Fr–So 15 Uhr, Treffpunkt: an der Kasse der Turmbesteigung, 12 Euro/Person. Voranmeldung unter Tel. 0221-92 58 47-30. Warme Kleidung wird empfohlen. Im Winter kann es unter dem Dom recht kühl sein, im Sommer werden es höchstens angenehme 20 Grad.
LECKER: Peters Brauhaus, Mühlengasse 1, 50667 Köln, Tel. 0221-2 57 39 50, www.peters-brauhaus.de.
Geöffnet: Mo–So 11–0.30 Uhr
TIPP: Zahlreiche archäologische Funde sind in der Domschatzkammer zu bestaunen, so auch die Entdeckungen aus den berühmten fränkischen Fürstengräbern.
Geöffnet: Mo–So 10–18 Uhr.
Eintritt: 5 Euro, ermäßigt 2,50 Euro

Der
Kronleuchtersaal

Das noble Entree der Kanalisation

Unter den Straßen und Häusern der Stadt gibt es noch eine Stadt. Ein eigenes Reich, in dem es blubbert und gluckert: die Kanalisation. Und auch die hat eine gute Stube, den Kronleuchtersaal. Den kann man kostenlos besichtigen, sieben Meter unter der Erde …

Die Reise in den Untergrund nimmt ihren Anfang auf der Wiese zwischen Ebertplatz und Bastei. Direkt in der Kurve **Theodor-Heuss-Ring/Clever Straße** gibt es auf dem Boden neben dem Bürgersteig eine unscheinbare **Metallplatte**. Wer es nicht weiß, ahnt kaum, dass sich hier der Eingang zur Kölner Unterwelt befindet. Doch wenn die schwere Luke geöffnet ist, sieht man sofort, dass direkt unter der Erde ein anderes Reich beginnt. Eine gemauerte Treppe führt 22 Stufen hinab. Schon nach einigen Metern findet man sich in einem bizarren Gewölbe wieder, das auf den ersten Blick an Draculas Schloss erinnert. Ein Kronleuchter baumelt von der Decke und taucht die Szenerie in schummriges Licht. Wir stehen in einer Art Tunnel aus rötlichen, glasierten Ziegelmauern, der zugleich ein Saal ist. Das Auge fällt

Der unscheinbare Eingang

auf Rundbögen und schmiedeeiserne Gitter. Die Wand schmückt eine Tafel mit einem vornehmen Wappen, das aus einer Burg stammen könnte. Alles glänzt ein bisschen vor Feuchtigkeit. Und man muss aufpassen, dass man auf dem glatten Boden nicht ausrutscht. Doch was gluckst und muffelt da so? Gleich neben uns rauscht eine grün-braune Brühe erstaunlich flott vorbei … Tatsächlich befinden wir uns an einem Verkehrsknotenpunkt der Kölner Kanalisation, der 1890 als technische Sensation eingeweiht wurde. Zu diesem festlichen Anlass erwartete man **Kaiser Wilhelm II.**, der damals gerade in der Stadt weilte. Für den hohen Besuch wurden eigens zwei Kronleuchter aufgehängt, mit jeweils sechs Kerzen. Sie gaben dem Raum der seitdem so gut wie unverändert ist, seinen Namen. Nur die alten Prachtstücke sind inzwischen verrostet. Um das Jahr 2000 wurden sie durch einen elektrischen Kollegen ersetzt. Die wuchtige Gedenktafel aus Sandstein, gekrönt mit dem Wappen der Stadt Köln, erinnert an die damaligen Erbauer, die 1880 das Mammutprojekt angingen. Bis heute ist es für Historiker ein Rätsel, warum die Ingenieure es damals so schwer haben mussten. Denn schließlich hatten die Römer der Stadt eine wunderbare Vorlage geliefert. Neben der Frischwasserzufuhr aus der Eifel, die täglich rund 20.000 Kubikmeter Wasser nach Köln brachte, errichteten sie bereits im 1. Jahrhundert die **Cloaca Maxima**. Das Kanalnetz, das die Abwässer in den Rhein leitete, deckte rund 100 Hektar ab (s. „Die Kanalisation gestern und heute“). Mit dem Ende der Römerzeit im 5. Jahrhundert geriet das brillante System jedoch vollkommen in Vergessenheit. Im Lauf der Zeit wurden die einst so gut funktionierenden Kanäle mit Abfällen zugeschüttet. Im finsteren Mittelalter flossen die Abwässer in Sickergruben, wurden in die Gräben vor der Stadtmauer geschüttet oder verteilten sich

Die Kanalisation gestern und heute

Bereits die Römer errichteten ein großflächiges Abwassernetz unter der Stadt. Ein kleines Teilstück eines Hauptwasserkanals wurde gehoben und steht heute überirdisch auf dem Theo-Burauen-Platz, Ecke Kleine Budengasse/Unter Goldschmied. Ein 150 Meter langer Originalkanal befindet sich circa zehn Meter unter der Erde und kann beim Besuch des Prätoriums besichtigt werden.
Die Grundmauern des antiken Statthalterpalastes – die römische Machtzentrale am Rhein – wurden 1953 bei Bauarbeiten entdeckt.
Das heutige Kanalsystem verläuft in rund 2300 Kilometer Länge kreuz und quer unter Köln, wobei einige Kanäle nur einen Durchmesser von 30 Zentimetern, andere hingegen von fünf Metern aufweisen. Es gibt 92.000 Straßenabläufe und 58.000 Kanalschächte.

Der festliche Saal wurde für Kaiser Wilhelm II. gebaut.

in den Rinnsteinen. Zahlreiche Seuchen waren die Folge. Rund 1500 Jahre tat sich gar nichts und so war die Stadthygiene im 19. Jahrhundert von den Errungenschaften der Römer Lichtjahre entfernt. Doch nun musste man etwas tun, denn Köln platzte inzwischen aus allen Nähten. Von 1816 an hatte sich die Zahl der Einwohner in nur 40 Jahren auf 100.000 verdoppelt.

Konzert neben dem Abwasser – für die Nase gibt's ein Pfefferminzsträußchen.

Der Kölner Baurat **Carl Steuernagel** war es, der die Idee der Schwemmkanalisation aus Wien und Paris nach Köln mitbrachte. Ihr Prinzip: Regen- und Abwasser werden in einen Kanal geleitet, wobei das Regenwasser als Spülung dient. Als Kernstück der modernen Anlage entstand unter dem Theodor-Heuss-Ring das Vereinigungsbauwerk mit Regenwasserüberfallkante – und die ehemals großartige Ingenieurleistung funktioniert heute noch genauso wie anno dazumal.
Zwei Kanäle kommen hier zusammen. Seitlich fließt die etwas tiefer gelegte Hauptkanalröhre – und verschwindet mitsamt ihrem Inhalt vor uns wieder im Dunkeln. Sie führt die kompletten Abwässer von Haushalten aus der Alt- und Innenstadt mit sich, also alles was dort durch Toiletten, Waschbecken, Waschmaschinen aber auch von Industriebetrieben entsorgt wird. Auf ihrem weiteren Weg nach Niehl sammelt sie noch mehr ein, bevor sie durch den sogenannten Düker, eine Druckleitung, unter dem Rhein auf die andere Flussseite strömt. Am Ende haben sich die Reste von 460.000 Einwohnern in ihr vereint. Die Reise endet in der Kläranlage Stammheim, wo rund 84 Prozent der Abwässer von ganz Köln gereinigt werden.
Die zweite Röhre, die hier beginnt, ist der 4,80 Meter breite Überlaufkanal. Der U-Bahn-Tunnel-ähnliche Schacht ist meist trocken. Aber

wenn es stark regnet, sieht das schnell ganz anders aus. Dann strömt das Nass durch die Gullys und der Wasserpegel der Hauptröhre steigt sofort an. Genau in diesem Fall erfüllt die historische Regenüberfallkante ihren Zweck. Die Brühe schwappt dann einfach über die Trennmauer in den Kronleuchtersaal. Durch das Regenwasser verdünnt, fließt sie über den Überlaufkanal zur nahe gelegenen Bastei und dort direkt in den Rhein. Seit mehr als hundert Jahren schützt dieses Bauwerk somit die Kölner vor nassen Füßen – und vor noch mehr: Zeitzeugen erzählten, dass der Kronleuchtersaal im Zweiten Weltkrieg auch als Luftschutzbunker genutzt wurde. Und da er keinen Treffer abbekam, hat er wohl manchem Kölner auch das Leben gerettet.

Ihre kaiserliche Hoheit war übrigens nie hier unten. Umsonst war das Aufhübschen des Saals trotzdem nicht. Seit 2000 veranstalten die Kölner Stadtentwässerungsbetriebe im Kronleuchtersaal kostenlose halbstündige Führungen. Viele tausend Besucher wurden bereits gezählt. Im Sommer stehen sogar fünf Klassik-oder Jazz-Konzerte auf dem Programm, denn der Kronleuchtersaal besitzt durch die einmündenden Kanalröhren eine einzigartige Akustik. Der Geruch ist auszuhalten. Konzertgäste bekommen traditionell ein Pfefferminzsträußchen, das man sich unter die Nase halten kann. Irritierend wirken allein die Rettungsringe, die an der Trennmauer zum Kanal hängen. Denn reinfallen, das will hier doch wirklich niemand …

SERVICE

WO: Kronleuchtersaal (Regenüberlaufwerk), Theodor-Heuss-Ring/ Ecke Clever Straße, 50668 Köln, www.steb-koeln.de

GEÖFFNET: Der Kronleuchtersaal kann im Rahmen von Führungen besichtigt werden: März–Sept., immer nachmittags am letzten Sa im Monat. Online-Terminanfrage erforderlich. Die Führungen dauern eine halbe Stunde. Eintritt frei.

HINKOMMEN: Stadtbahnlinien 16 und 18, Haltestelle Ebertplatz

PARKEN: am Theodor-Heuss-Ring

LECKER: Cucina di Rosa, Neusser Straße 58, 50670 Köln, Tel. 0221-2 59 11 99, www.cucinadirosa.de. Geöffnet: Mo–Sa 12–23 Uhr

TIPP: Etwas ganz Besonderes sind die Konzerte im Kronleuchtersaal. Anmeldung unter ralf.broecker@steb-koeln.de. Die Karten kosten 40 Euro/Person inklusive Getränke.